教室でひらかれる〈語り〉

―文学教育の根拠を求めて

齋藤知也　著

はじめに

「学びからの逃走」という事態が指摘されてから、すでに十年余が経過しました。この間、その事態に対処するために、教育に携わるさまざまな分野からの提言や実践がなされてきました。しかし、根本的に打開されたとはいえない状況が残念ながら続いているように思われます。「国際的な学力調査」など各種の調査結果について多くのことが言われましたが、それらの結果以前の問題として、日々授業を行っている教師や当事者である児童・生徒にとって、「教え」「学び」が豊かな内実を伴ったものと感じられていないというのが、現状ではないでしょうか。もちろん、多くの教師は文字どおり献身的に日々の実践に取り組んでいると思いますし、児童・生徒も、「学びの意味をつかみたい」と心底思ってはいるのです。しかしながら、学習者は学校の授業に期待することそのものを断念し、教師もまた、「授業をすること」と「一人の市民として生きる」ことを乖離《かいり》させているように思われてなりません。言い換えれば、「学び」と「教え」の意味そのものがリアルに感じられないまま、日々の授業が行われているように感じられてしまうのです。

その中で文部科学省も揺れ動いています。二〇〇八年三月に小・中学校の学習指導要領が、二〇〇九年三月には高等学校の学習指導要領が、それぞれ改訂されました。およそ三十年あまり続いた「ゆとり」路線からの根本的な転換がはかられ、「知識」「技能」の「習得」と「活用」が重視されています。言語に関する能力の育成が強調され、各教科で「言語活動」を充実させることが明記されました。国語科では「伝統的な言語文化と国語の特質に関する事項」も新設されました。小・中学校では国語の授業時間が一割程度増加されました。さらに、例えば中学校の「指導計画の作成と内容の取扱い」に、「我が国の言語文化に親しむことができるよう、近代以降の代表的な作家の作品を、いずれかの学年で取り上げること」と明記されるなど、「文学」の再評価につながるような動きもかいま見えます。高等学校では、「国語総合」が共通必履修科目として位置づけられることになりました。

国語の授業時間増や近代文学の再評価は重要なことです。しかしながら、それらの動向は、「改正」教育基本法の成立と重なり合うものでもあることに注意しておかなければならないでしょう。さらに言えば、「学びからの逃走」問題は、単に授業時間を増やせば解決するということではありません。時間増だけではなく、国語の授業とはいったい何のためにあるのか、国語の授業をつくることが、学習者と教師双方にとってどのような認識を切りひらくのか、授業で近代文学を読むとはどういうことなのか、それらの根源的な問いかけが求められているのではないでしょうか。

わたしは、単に生徒に取り組みやすく感じてもらえることだけを目標に、授業をつくろうとは考えません。また、「知識」「技能」を一方的に注入していくような授業も、状況を打開する力をもたないと考えます。「学びからの逃走」状態そのものに切り込むような、つまり学習者の認識そのものにはたらきかけるような、国語教育の理論と実践の構築が必要だと考えています。あえて言えば、国語の授業こそ、全教科、もしくは学校生活全般における「学びからの逃走」問題に切り込む武器であると思うのです。そして、その焦点は文学の〈読み〉の授業にあると考えています。なぜなら本来文学を〈読む〉ことは、〈自己〉と〈他者〉の問題を顕在化させ、自らの認識のかたちを問い直し、世界を読み直す営みであるからです。そのことは、国語教育の領域を超えて、これからの民主主義を担う〈主体〉を構築することと重なり合っていくと考えています。

つまり、本書の目的は、一人一人の読者（学習者だけでなく、教師も含む）の生にはたらきかける国語教育、中でも文学教育のあり方を探っていくということになります。別の角度から言えば、文学教育の理論と実践を論じることによって、国語教育のあり方を探究しようとするところにあります。

その観点のもと、本書は、次のような構成で書かれています。

Ⅰでは、文学と教育がどのように重なり合い、理論が実践とどのように結びつくかについて、論じています。Ⅰは、大きく二つの章から成っています。第1章では、「教室で文学を読むとはどういうことか」というテーマのもとに、この間、日本文学協会国語教育部会で探究してきた理論、特に「第三項」と〈語り〉の理論がどのように実践に生きていくのかについて、わたしなりの考えをまとめてみました。文学作品の〈語り〉を読むということは、登場人物としての「語り手」の問題ではありません。登場人物やできごとを語る〈機能としての語り〉の領域を読むことです。そして、〈機能としての語り〉は読み手によってひらかれるものとしてあります。ここで言う「ひらかれる」とは、ずらし、差異を競うことではなく、読み手が作品に撃たれ、世界を新たに見ることができるようになることを意味します。そのためには、「第三項」という概念装置が必須になります。さらに第2章では、「文学教育と『これからの民主主義』の創造」と題して、それぞれの学校が反映している日本社会の状況、またその中における国語教育をめぐる動向の分析をもとに、第1章で論じたことを、より大きな視野から位置づけることを試みました。

Ⅱでは、これまで発表してきた実践報告や教材論をもとに、初出の際に紙数の都合で収録しきれなかった、作品の研究史の整理や、実際の授業の様子とそこから見えてくること、特に近代小説の教材価値論についてまとめています。「文学研究」と「国語教育研究」を交差させることによって、教室で文学を読むという行為そのものが、「言語文化」の探究であり創造にもなるとわたしは考えるのです。先に述べたことで言えば、授業において〈語り〉がひらかれていく過程の報告をここでは試みています。

Ⅱは大きく、三つの章から成っています。第1章では、「『〈語り〉を読む』ことと『自己を問う』こと—芥川龍之介『蜘蛛の糸』の教材価値を再検討する—」と題して、高校一年生とつくった授業実践から見えてくることと、今後の課題について論じています。第2章では、「状況に切り込む文学教育—森鷗外『高瀬舟』をめぐって—」と題して、高校二年生との授業実践をもとにした考察を行い、実践報告を終えてからも考え続けてきた問題について言及しています。第3章では、「井伏鱒二『山椒魚』の〈語り〉を読む—『嘲笑』と『岩屋』をめぐって—」というテーマで、高校三年生との授業づくりから考察したことを論じ、あわせて井伏鱒二『屋根の上のサワン』と、自選全集版『山椒魚』の比較対照を行うことによって、それぞれの教材価値の検討を行いました。Ⅱについては、これまで発表してきたものに大幅な加筆訂正を行ったうえで、できるかぎり、本として全体の統一を図ったつもりです。ただ、各章を独立した論考としても読んでいただけるようにという思いから、重複している部分を意図的に残したところもあります。

なお文学教育全体を考える場合には、詩や古典その他のジャンルの教材論や授業論も重要であり、当然視野に入れなければなりませんが、本書ではあえて小説の教材価値論の考察に絞りました。それは、教室における小説の「読まれ方」の問題に、現在の国語教育をめぐる状況が端的に表れており、わたしたち（児童・生徒と教師）が生きていくうえでの困難を超えていくための焦点は、「読み方」の追究にあるのではないかという現時点での問題意識によるものです。

このように述べると、国語教育を「読む」という領域のみで論じているように思われるかもしれません。確かに本書では、「読む」こと、特に小説の〈読み〉の授業についての論述に焦点を絞り、その他の領域については、取り立てて論じることはしておりません。しかしそれは、他の領域を軽んじているということでは決してありません。本書を読んでいただければ、〈読み〉の授業の中にも、「話すこと・聞く（聴く）こと」、「書くこと」の教育が、「言葉育て」として総合的に含み込まれていること、それらの総合的な取り組みをとおして学習者の中に深い思考が営まれ、感性が耕されていることが、ご理解いただけると思っています。

それから本書に紹介する実践は、高等学校の生徒とつくったものですが、教科書等において『高瀬舟』は現在中学校の教材としても取り上げられていますし、『蜘蛛の糸』は過去に小学校及び中学校の教材として扱われてきました。二〇〇七年度「全国学力・学習状況調査」中学校の問題Bに、『蜘蛛の糸』を題材とした出題があったことも、記憶に新しいところです。本書で紹介する実践が高校生とつくったものであったとしても、教材研究や授業論としては、小・中学校においても参考になりうるものであると考えています。

筆者としては、Ⅰの第1章及び第2章で論じた問題意識と、Ⅱの第1章から第3章までの教材論や実践報告・考察とを、結びつけて読んでいただければ大変うれしく思います。

目　次

I　文学と教育の背馳《はいち》と一致

第1章　教室で文学を読むとはどういうことか

1　「正解到達主義」と「正解到達主義批判」とのはざまで

わたしが教師生活のスタートをきったのは、一九九一年、キリスト教主義を創立理念にした、私立学校においてであった。高校と中学、両方の授業を担当していた。それから地方の公立中学校を経て、現在の勤務校である自由の森学園中・高等学校に移った。

その間、どれだけの国語（自由の森学園では「日本語」と称している）の授業を行ってきたことだろう。授業中やその後の語らいのなかで、生徒からこぼれ落ちる言葉に思わず心が震えるような感動を覚えたことも少なくないが、それと同じくらい、身が縮こまるような恥ずかしい思いも、申し訳なさでいっぱいになるような思いもしてきた。特に、文学の〈読み〉の授業では、悩んできた。わたしは子どものころから、「言葉の世界」や文学のもつ魅力に心ひかれていたように思う。にもかかわらず、大学進学の際に最初は法学科を選んだ。「文学、特に日本文学を専攻しても、実用性がない（将来の生活に役に立たない）」という周囲の声に抗う〈主体〉が、情けないことに、当時のわたしにはまだ構築できていなかったのである。

しかしながら、大学入学後も「言葉の世界」にひかれ続けたわたしは、結局、法学科を卒業後、改めて文学科に入り直し、そこで近代文学を専攻し、作品論の基礎を学び、有島武郎についての拙い研究をして、卒業した。一つ一つの学問や教科は、世界をそこから見ていく窓のようなものであると思うが、わたしにはその窓として、文学は人間の生に直接迫るものに見え、それを必要とした。教員になるにしても、社会科の教師ではなく、「言葉の世界」と接し続けていける国語科の教師になりたかった。つまり、わたしにとって、「言葉の世界」や文学はリアルなものであった。本当にリアルなものとは、自分が選ぶのではなく、どうしようもなくひきつけられてしまうものなのだと改めて思う。

しかし、「文学好きの国語教員」は、とかく趣味的に授業を行うという批判を聞くことが少なくない。あるいはそういう実態もあるのかもしれないが、わたしの場合は、自分が文学にひかれていたその分だけ、それを中学や高校の授業でどのように扱ってよいか、よくわからなかったというのが正直なところである。教員を続けていくにつれ、文学を大切にしたい自分と、それを授業で扱う自分は、分裂していかざるをえなかったように思われる。

最初に勤務した私立中・高等学校では、「大学受験」の「実績」を上げていくことを「学校生き残り」の戦略にしていたため、授業は受験に対応するための、プリントや問題集を用いた「演習」型のものになりがちであった。登場人物の心情を問う問題なども含めて、そこには当然「正解」がある。(それは多くの場合、問題の出し方の中に、「読み方」を限定させていくしかけがあるからだろう。) 大学のゼミナールで一つの作品についての〈読み〉を討議し合ったり、一人一人の文学研究者が己をかけて「作品論」を執筆したりする中には、〈読み〉の違いが出てくるものと知っていたわたしは、そうした「正解到達主義」に疑問を感じざるをえなかった。自分が作成したのではない問題について、生徒から「この『問い』ってそもそも変じゃない?」とか、「なぜ、この『答え』以外は正解にならないの?」ときかれて、うまく説明できなかったこともあった。さらに深刻なのは、その「正解到達主義」と関連して〈読み〉には「正解」があると想定して) 文学の授業をすることが、生徒の内面を揺さぶるようなものになっていないのではないか、またそれは、文学そのものも大切にしていないことなのではないか、と自ら感じていたということだった。それは「やましさ」に近い感覚をわたしにもたらした。しかし、だからといって、討論を中心とした〈読み〉の授業をつくろうとしても、それは多くの場合、空転した。生徒は「試験に出る箇所」と「正解」を求めようとした。(それは今から思えば、わたしが授業づくりに明確な指針をもてていなかったことによるものだった。)わたしは悩み続けた。幸運にも悩み続けることができたのは、学校全体の中では少数派ではあったが、「教育」「授業」とは単に受験のためにあるものではなく、生徒の生き方にかかわるものだという思いをもった先輩や同僚の存在があったからである。そして、当時、「正解到達主義批判」はわたしにとってのあこがれだった。「正解到達主義批判」の立場に立つことができれば問題は解決するのに、学校の状況がそれを許してくれないのだと思っていた。それも今思えば、余りにも短絡的で、しかも自ら授業を行っている責任を棚上げした考え方ではあった。しかし、たとえ未熟なものであったとしても、「教育」「授業」が何のためにあるのか、という問題意識そのものが自分の中で浮上したのは、教員としてのスタートをきった時に、相談できる先輩や同僚に出会えたことに負うところが大きい。それは幸せなことだったと今でも感謝している。そのころから、「国語教育」「文学教育」のあり方に関心をもち、手当たりしだいに、関連すると思われる本や論文を、漠然と読み始めていた。

受験のための「演習」型の授業に困惑していたわたしが次に勤務したのは、ある県の地方の公立中学校であった。そこでは、地域全体として「管理主義」が根強く浸透しており、わたしが赴任する数年前までは男子は全員丸刈りと決まっていたほどだった。しかしながら、一方で、当時の文部省(現在の文部科学省)は、「関心・意欲・態度」を重視した「新しい学力観」を強く打ち出してきていた。「管理主義」と「新しい学力観」は、少なくとも表面的には矛盾するものである。学校は「変革」を迫られていた。国語の授業では、できるだけ教員が表面に表れない授業、生徒の「活動」を中心とした授業が指導主事や教務主任から求められ、当然、文学の〈読み〉の授業でも、生徒一人一人の発言、〈読み〉を尊重することが重視され始めていた。それは、表層的には「正解到達主義批判」の立場とも見えるものであった。しかしながら実態としては、多くの教員は授業をしながら左手に教務手帳を持ち、生徒の発言の回数を記入していくということで、「関心・意欲・態度」を「測定」し、それで成績をつけようとしていたのである。（当然、生徒もそのことを知っていた。）つまり、「関心・意欲・態度」は実体化され、しかも、それらをもつように「管理」されていたともいえよう。「正解到達主義批判」は不徹底なものになり、「新しい学力観」と「管理主義」は奇妙な形で癒着していた。しかしあとで論じるが、それは表層としては「奇妙」と見えても、実は必然的な癒着であると言うべきなのかもしれない。

二つの学校に勤める中で、わたしがとりあえずこれだけは保障したいと思っていたのは、「わかる」授業であった。生徒にとって「学ぶ意味」が感じられるかどうか、例えば文学作品を読むことが生徒の生き方にどのようにかかわっていくのか、という意識はもちながらも、それはその当時のわたしにはまだ手に余ることであった。それでも「わかる」授業をしていれば、生徒は、とりあえず納得してくれた。正確に言えば、それは納得してくれたのではなく、「学校制度」というバイアスが、（あるいは教員の権力性が、）納得を強いていたと言わねばなるまい。それでも、とりあえず授業が「成立」しているような雰囲気にはなったのである。だが当然のことながら、わたしの中の葛藤は解決されなかった。しかし、それも学校そのものに問題があったというよりは、（もちろん、当時の、あるいは現在の学校が抱えている状況を無条件に肯定しているわけではないが、）やはり授業者としてのわたしの未熟のなせるわざであった。とりわけ、国語教育における「〈読む〉という行為」についての原理的な考察をわたしが欠いていたことが問題の根底だったのだと、今は思う。問題があらわになったのは、現在所属する自由の森学園に移ってきてからだ。

自由の森学園中・高等学校は、一九八五年、「ひとりひとりの子どもたちが、若者たちが、まさに人間らしい人間として成長することを助ける教育」「若者たちひとりひとりの自立への意志を励まし、自由への意志を育てることをこのうえなく大切にしていく教育」を目ざして創立された。そのために、「規格化した知識の量という一元的な価値基準で、生徒を優劣に格づけし、選別する点数信仰、成績万能の能力主義・管理主義の教育を超えて、人間性の本質に深く根ざした人間の教育」の実現を目ざし、今も努力を続けている。

わたしが何よりも強くひかれたのは、その授業づくりの理念である。創立時のパンフレットの中の「教育の方針と特質」を読んだ時には、もやが晴れるような思いがした。

今日の学校教育が、生徒を学習倦怠《けんたい》と疲労に追いやり、興味を育てることを困難にしているのは、血の通っていない客観主義や硬直化した体系主義のもとで羅列された知識や技術が、単に受け継ぐべき教養として覚えるためにのみ与えられるからです。

教師がしっかりと構築された知識の体系を提示していくことで、生徒は、自分達が順次に学んでいくべきものが何であるかが明らかになり、安定した感情をもつようになることはたしかです。しかし、このような知識の習得と学習の過程は、ほとんどの場合、生徒の感情に訴えかけるものでもなく、生徒自身の体験の意味を明らかにするものでもありません。それは、せいぜいうまくいった場合でもそのまま保持されるに過ぎません。

自由の森学園は、学校で扱われるべき教材や知識を、単にそれが教える側の必要感のみで選択されるべきものだとはとらえておりません。生徒たちが、そこで扱われる内容を自分の問題として捉えられるかどうか、それが生徒の内的な世界の広がりと深まりにとってどういう意味をもつか、ということをすべての教材選択、そして内容編成のための視点にしているのです。

自由の森学園　創立時パンフレット『教育の方針と特質』より

ここには、先述したわたしの言い方を用いれば、「授業」と「一人一人の生徒が生きること」との関連が探られている。しかも、これは単なる理念にとどまるものではなかった。自由の森学園では、「生徒たちが、そこで扱われる内容を自分の問題として捉えられ」ていない時、あるいは授業の内容が生徒にとって自分の「内的な世界の広がりと深まり」にとって「意味」を感じられない場合、それはさまざまな形をとって現実的に表れてくる。例えば、ある生徒は、授業の進め方や教材に対して（たとえそれが授業中であったとしても）率直に不満を表明してきたし、（そのことに赴任当時のわたしは慌てふためいた。）別の生徒は、「授業の世界」に入ってこないという形で冷ややかな拒否を示してきた。点数序列を排した以上、「ここはテストに出るから覚えておくように」という「脅し文句」は、意味をなさないのである。

2　生徒たちは、「二つの根拠」を問うている

「与えられた正解はない」という言葉が、自由の森学園では、授業に限らず学校生活全般にあたってよく聞かれる。教師が唯一の「正解」の保持者になって、それを生徒に押しつけていくということは、強く忌避されている。

だから文学作品の〈読み〉においても、「それぞれの正解を認める」というレベルでの「正解到達主義批判」はいわば、前提であった。「正解到達主義」を息苦しく感じてきたわたしにとっては、それこそが魅力だった。しかしながら同時に、わたしにとって本当に悩ましく思われたのは、自由の森学園に赴任したばかりのころ、特に小説の〈読み〉の授業をめぐって、生徒から出されてくるストレートな疑問や不満の声であった。（その率直さを、今ではわたしは貴重なものと思う。その率直さなしには、わたしの問題意識の深まりも、現在の実践や理論もなかっただろう。）「あいにく」と言おうか、「幸運にも」と言ったほうがいいか、わたしは、生徒からの疑問や不満を「うまくかわす」ことができなかった。

「形」はいろいろであるが、生徒から出てきた声には、共通していることがいくつかあった。それは、

❶自分が選んだのでもない小説を、どうして学校でみんなで読まなければいけないの？

という「疑問」であり、また、

❷小説の〈読み〉に「正解」はあるの、あるとすればそれはだれが「正解」と決められるの？

という「問いかけ」であり、逆に、

❸「〈読み〉は人それぞれ」としても、それにはある「枠」があるはずであり、文を「正しく読み取ったうえ」でのことではないの？

という「不満」であった。これには当然、

❹「正しく読み取ったうえ」とはどういうことを意味するの？

という「反論」も出てくる。

そして、❷の問いかけや❸の不満は、「もし『〈読み〉は人それぞれ』なのだとしたら、『人それぞれ』に決まっ

ているものを、なぜみんなで読まなければいけないの？」という❶の疑問につながっていく。わたしの混迷は深かった。そもそも文学は秩序の破壊につながるものであり、教育とはどこかあいいれないものなのだということを、漠然と考えたりもした。「文学教育」という言葉そのものが、自由の森学園では半ば意識的、そして半ばは無意識的に避けられていたように思う。竹内好「文学教育は可能か？　―異端風に―」（注1）を初めて読んだのはいつのころだったか、今となってはもう思い出せないが、たぶん自由の森学園に異動する以前に大ざっぱに読んでいただけのことだったろう。ただ、うろ覚えにしかすぎない論の一部分、「文学と教育とは（中略）本質的に背馳《はいち》する」という一節だけが、わたしをどこかで慰めたように思う。（竹内好が同じ論文中で、「それは同時に本質的な一致ではあるが」と述べているところは、目に留まっていなかった。）そのような動揺を抱えつつの授業だったから、日々苦しかった。あろうことか、赴任当初は、自由の森学園に移ってきたことを後悔した時すらあった。これまで勤めていた学校では、少なくとも授業は「成立」していた……、それがどうしてこんなことになってしまうのだろうと思ったものだ。（この「成立」という言葉の内実については、あとで改めて考察したい。）生徒からの「疑問」や「不満」の声に、立ち往生している自分がいた。しかし、よくよく思い起こせば、その問題は、先述したように、それまで勤めてきた学校においても潜在していたことだ。そのことを自覚していたからこそ、わたしは、授業で文学を扱うことの意味と方法で悩み続け、その悩みが自由の森学園にわたしを引き寄せていったのであるから。

（注）
1　竹内好「文学教育は可能か？　―異端風に―」（西郷竹彦・足立悦男・浜本純逸編『文学教育基本論文集(1)』明治図書　一九八八・三。初出は、文学教育の会編『講座　文学教育I』牧書店　一九五九・六。）

そして、今ならば、こう言える。生徒の声のうち、❶の疑問は、生徒自身は明確に意識していなくても、つまりは「文学教育の根拠」を問うているのであり、❷の問いかけ、❸の不満は、「文学の〈読み〉の根拠」を問うているのであると。ただし、そのように、「二つの根拠」について考えられるまでには長い時間がかかった。〈読むこと〉をめぐる原理的な考察が必要だったからである。

しかしながら、そういう考察は、教師としての多忙な日常を送る中では、後景に退きがちだ。例えば、次のようなことがあった。自由の森学園に赴任して二年めに、公開研究会の教科別分科会で、志賀直哉の『正義派』の授業について拙い実践報告をした。「そもそも教室でみんなで一つの小説を読むことの意味はどこにあるのだろうか」という「問い」を立てて、

A 自分の読み方を、感想や発言の形で他者の前に表現していくことができるというところ。それはある種の自己表現にもなる。

B 他者の読み方を知り、そのことによってまた自分の読み方を知ることができるというところ。

C クラスの中に作品をめぐっての対話が生まれ、その中で、今までの自分が揺り動かされたり、最初の読みとは異なる読みが可能になったり、自分の中にある曖昧なものが輪郭を伴って感じられたりするというところ。

などのわたしなりの「答え」を用意したつもりであった。しかし、その年の研究協力者として参加をお願いした須貝千里からは、コメントの冒頭で、「文学教育を行うことが自明のものになったうえでの『問い』となっているのではないか」と指摘された。つまり、「文学教育」を行うことは当然であるという意識のもとで、その「有効性」を考えるという論の立て方になってしまっており、そもそも「文学は、教材価値を有するのか、有するかと

すればそれはなぜなのか」という根本的な問題提起になっていない、という指摘であった。そして、この指摘こそ、「文学教育の根拠」を正面から問うものであった。にもかかわらず、その時のわたしは、その重大性を十分に問題化することができなかった。今でもそのことを恥ずかしく思い出す。ただそのころのわたしにとってはまだまだ、「目の前にいる生徒たちに、どうすればおもしろいと感じてもらえ、どのように喜んでもらえるか」ということで、頭がいっぱいだったのである。

だから、その後も授業にすぐに使えそうな教材や方法論を探しまわった。「すぐに使えそうな」と書くと、例えば「法則化シリーズ」のようなものが想起されるが、必ずしもそういうものを追い求めたわけではない。また、その努力自体を自己否定しているわけでもない。国語教育における民間教育研究運動の蓄積は、きわめて豊かなものであり、そこには先達の血のにじむような実践の積み上げと理論の探究がある。現在多くを学んでいる「日本文学協会」に所属するまでは、わたしは何か一つの研究団体や学会に入ってはいなかったが、それでも多くの民間教育研究団体の成果に学び続けたつもりではある。もちろん、それは自己流の学びだったから底の浅いものではあったに違いないが……、さまざまな教育研究集会に出かけ、本を読みあさった。例えば教職員組合の教研（全国私学教職員組合研究会や全国教育研究集会）に出かけていけば、そこでは、さまざまな民間教育研究団体で活躍されている研究者や実践者に出会うことができた。そうして多くの本を紹介され、それらの方法論や教材研究、実践報告に学び続けたのである。そのほかにも、先達の仕事から学んだものは言葉に言い尽くせないほど大きい。わたしは今も、それらの研究会に属するかたがたと交流するが、それはわたしにとって本当に励みになり、心強く思うことである。また、長い年月の中で理論と実践を作り上げてきた先達の業績に触れる時、わたしはその情熱と、歴史の重みに感動を覚える。

しかし同時に、わたしが学んだそれらの方法論では、残念ながら、上述した生徒の疑問に対して、自分が実践的・理論的に答えきることはできなかったのも、また事実だ。特に、先述した❷の問いかけや❸の不満が本質的に孕《はら》みもつ「〈読み〉の根拠」について、（つまりわたしが悩んでいた「正解到達主義」と「正解到達主義批判」のはざまの問題について、）総括的に論じているものを、わたしは見つけることができなかった。ただ、研究書にあたる中で、田近洵一の『戦後国語教育問題史』[注2]は、そのことが「主観主義と客観主義」論争として、自由の森学園だけの問題ではなく、歴史的・社会的な意義をもっていることをわたしに教えてくれた。読んだ時の感動は忘れられない。ただし、一人の実践者として、その問題をどのように超えていけばよいのか、わたしはわからなかった。教室の中で、「〈読み〉の根拠」を、どのようにして求めていけばよいのか、混乱していた。「正解は人によって違うんだよ」「一人一人どのように読んでもいいけれど、根拠をもとうね」という曖昧な言い方をし、しかも心の中では、「本当にどのように読んでもいいのか」と疑っていた。（わたしの「疑い」は、「正しさ」の問題ではなく、〈価値〉を問えていないことに向かっていたのだが、当時はそのことを言語化できなかった。）日本文学協会国語教育部会で継続的に学ぶようになった今から思えば、それを考えるためには、ロラン・バルトがかつて「作品からテクストへ」で提起した「還元不可能な複数性」の問題と正面から対峙《たいじ》しなければならなかったのである。バルトの次の文章をどう受け止めるか。

> 「テクスト」は複数的である。ということは、単に「テクスト」がいくつもの意味をもつということではなく、意味の複数性そのものを実現するということである。それは還元不可能な複数性である（ただ単に容認可能《アクセプターブル》な複数性ではない）。「テクスト」は意味の共存ではない。それは通過であり、横断である。したがって「テクス

ト」は、たとえ自由な解釈であっても解釈に属することはありえず、爆発に、散布に属する。

ロラン・バルト「作品からテクストへ」(注3)より

バルトは、「正解」を許容する「容認可能な複数性」と、「正解」そのものの存在を否定する「還元不可能な複数性」を、峻別《しゅんべつ》している。その背景には、絶対者であるカソリックの《神》と対決し、真正のアナーキズム（相対主義）をひらいていくバルトの闘いがあったのだが、神なき日本の文化風土はそれを、「容認可能な複数性」として変質させて受容（移動）し、中途半端な「エセ・アナーキズム」として流通させてしまった。文学研究者である田中実は、その問題を「八十年代問題」として指摘している。(注4)「正解到達主義」も「正解到達主義批判」も、〈読み〉の対象を実体としてとらえ、そこに返ることに根拠を求めるという点で、癒着していたのである。「正解到達主義批判」を「標榜《ひょうぼう》」するわたしの実践も、「正解」を温存する「容認可能な複数性」の中にあった。だから、先述した生徒のさまざまな疑問、すなわち、「小説の〈読み〉に『正解』はあるの、あるとすればそれはだれが『正解』と決められるの？」という❷の極めてまっとうな問いかけに対しては、「『正解』は読者の数だけあると思うよ」と「正解」という言葉を安易に使用することでとりあえず表面的には切り抜けられても、逆に「『〈読み〉は人それぞれ』としても、それにはある『枠』があるはずであり、文を『正しく読み取ったうえ』でのことではな

（注）
2　田近洵一『戦後国語教育問題史』大修館書店　一九九一・一二
3　ロラン・バルト「作品からテクストへ」（ロラン・バルト著　花輪光訳『物語の構造分析』みすず書房　一九七九・一一）
4　章末注（44ページ）を参照。

いの？」という、❸のこれまた素朴な不満や、それに対して「『正しく読み取ったうえ』とはどういうことを意味するの？」という❹の鋭い反論に対して、わたしは「しどろもどろ」になるしかなかったのである。これは生徒に対して、それを言葉で説明できないというだけでなく、わたしの中で、問いつめきれずにいる問題でもあったからだ。この問題をあわせ超えるためには、あとで詳述するが、まず〈読み〉の対象は実体なのか、それとも非実体なのか……、という問題について突きつめて考えなければならないのだが、（つまりロラン・バルトの提起した「還元不可能な複数性」の問題に正対しなければならなかったのだが、）そのころのわたしはまだ、その問題を正面から取り上げている文学教育原理論・方法論を見いだすことができなかったのである。

3 「〈原文〉という第三項」と〈語り〉の理論は、実践にどのように生きるか

そのような混迷を抱えたまま、わたしは日本文学協会国語教育部会の夏期研究集会や例会に参加するようになった。公開研究会の折に須貝千里に指摘された問題は、それと正対するとともかくも続いている自分の「実践」が崩れていくのではないかという、どこかで目をそむけたくなるような怖れとともに、ごまかしのきかぬ抜き差しならないものとして、わたしの奥深くに沈潜していた。だからこそ、わたしは日本文学協会で交わされる議論にひきつけられていったのだと思う。そして、文学研究者である田中実の提起する「第三項」と〈語り〉の理論と出会った。少しずつ、その理論と、わたしの抱えていた問題意識が重なっていった。須貝に指摘されたことの意味も、自分の中で見えてくるようになった。あえて分けて言えば、「第三項」の理論は、先述した❷の問いかけ、❸の不満に対応することで「文学の〈読み〉の根拠」とつながり、〈語り〉の理論は、❶の疑問にこたえ「文学

教育の根拠」と対応しているると、考えるようになったのである。そして、その二つ（「第三項」と〈語り〉の理論）は、実は分節不可能で、相互に密接な関係をもつことに、実践していく中で気づいていくようになった。

二〇〇六年五月に行われた日本文学協会国語教育部会公開シンポジウム「文学教育の転回―〈読む〉とはどういうことか」や同年二月の「科学的読みの授業研究会」高校部会など、ここ数年わたしは、自分の実践と考察を報告させていただく機会を与えられたが、そうした席上で、次のような質問を会場から受けることが少なくない。それは、「〈語り〉の理論、つまり〈語り手〉と登場人物の相関ということは、実践上でも理解できるが、『第三項』という概念がなくても、あなたの実践は可能なのではないか」という内容のものである。つまり、〈語り〉の問題と「第三項」の問題は、教室においてはどのようにつながっているのかということである。このつながりは、教室における〈読み〉の急所と思うので、ここで改めて、わたしの考えを述べておきたい。ただし、先述したように「第三項」と〈語り〉の理論そのものは、近代文学研究者の田中が、先述した「還元不可能な複数性」と「容認可能な複数性」の「癒着」の問題を超え、文学研究の再生をめざすために見いだしたものである。田中の提起に、かつて自ら唱えた「偏見論」の到達点と限界とをふまえ、それを超えようとしていた国語教育研究者の須貝が呼応し、（注5）そしてさまざまな現場の実践者や研究者が集団的に「文学研究」と「文学教育研究」の相互乗り入れを追究してきたのが、ここ二十年近くの日文協国語教育部会の歩みなのだと認識している。ただし、その歩み全体について総括的に語ることは、現在のわたしにはまだできない。ただ、わたしにとっての文脈を語ろうと思う。

しかし、あらかじめ誤解のないように言えば、わたしにとっては、理論の枠組みが先にあって、それを実践の

（注）

5　章末注（44ページ）を参照。

場になんとか適用したとしたのでは、決してない。わたしが経験してきた教室の問題が、言い換えれば、生徒やわたしが「授業をつくり、生きていくうえの問題」を追究していった結果として、日本文学協会国語教育部会で展開され始めていた議論と必然的に出会ったという感覚を、わたし自身はもっている。そのことは強調しておきたい。それ以後、実践と理論の関係を探り続けてきた。理論は実践によって検証されなければならないし、実践はある目的意識をもった理論に裏打ちされてこそ、状況に切り込む視点をもちうる。実践と理論はその関係性の中で相互に高められるものだと考えている。

そのことを前提としたうえで、「第三項」と〈語り〉の理論と、実践との関係について論じたい。「第三項」という用語（「〈原文〉という第三項」とも名づけられている）については、国語教育界にまだ十分には浸透していない状況もあるため、難解に感じられるかたもいるかもしれない。しかし、考え方そのものは決して難しいものではなく、極めて実践的なものだとわたしは考えている。だが一方で、この問題を教育に携わる者が「わがこと」として受け止めるためには、突きつめた思考が求められることもまた事実である。これは、先述したように、文学作品が、実体であるか非実体であるかという問題、ひいては主観と客観の問題（それは必然的に正解主義と正解主義批判の問題につながってくる）にかかわるからである。田中実は次のように言う。

実はバルトが「作品からテクストへ」（『物語の構造分析』花輪光訳　一九七九・一一　みすず書房）で、文学にまつわる思考の制度の解体を目指し、その究極で「作品は、有機体のイメージに関係する」、「生命の《尊重》は、『テクスト』にとってまったく不要である」と文学の「生命」、〈いのち〉を抹殺していたことへの疑義が筆者にはある。バルトの主体と客体の二項の布置では確かに読書行為は実体ではなく、アナーキーな拡散を遂げるが、読み手によって捉えられた客体の文章は時に主体を撃ち、拉致する多大な力を発揮する。「作者の死」と「読者の誕生」は文学の死にも、その「〈尊重〉」を否定することにも、決して繋《つな》がらない。そもそも読むという行為は読み手に捉え切れない第三項が読み手に働き、実体ではなく、その〈実体性〉が文学の〈いのち〉の蘇生を目論むものである。とすれば、パラダイム転換と言えば、バルトのそれを第一と呼び、これを第二のそれと呼んで、文学の再生、復活を説かなければならない。（中略）

主体・客体の二項の外部、第三項を介在させ、これが影として働いてはじめて〈本文〉＝〈わたしのなかの文脈・他者〉が〈本文〉として現象する。〈本文〉を〈本文〉たらしめるのは主体によって捉えた客体のみならず、〈元の文章〉である本来の客体であり、その客体とは了解不能であるが、それは〈実体性〉を以て、読み手に働いている。ここに「読むこと」の根拠がある。そこは文学の〈いのち〉の働く場である。つまり〈原文〉という第三項として命名したものは、了解不能の客体そのものの主体への働きだったのである。これが文化共同体、解釈共同体としてある既存の価値意識を揺さぶり、瓦解していく可能性を持つ。

田中実「断層Ⅲ―パラダイム転換後の文学研究・文学教育の地平を拓く―」[注6]より

これらの論を、わたしなりの文脈で受け止め、実践論として考察してみたい。文学作品が完全な実体だとすると、作品の意味は読者を離れて客観的に存在することになるわけであるから、それを「正しく」読み取ることが、目的にならなければならない。これは少なくとも理論的には、正解到達主義の立場にならざるをえない。読者の中

（注）
6　田中実「断層Ⅲ―パラダイム転換後の文学研究・文学教育の地平を拓く―」（『日本文学　二〇〇六・八』日本文学協会）

にそれぞれの〈本文〉が現象するということは、つじつまの合わないことになる。となれば、自分の〈読み〉を読むこと、読み直すこと、自己の内奥に降りていくことは不可能になる。しかし他方、文学作品が完全な非実体であるとすれば、元の文章には戻れず、それぞれの読者にアナーキーな拡散を遂げるだけということになる。ロラン・バルトが、「作品からテクストへ」で提起した問題（還元不可能な複数性）は、この「真正アナーキズム」である。この立場は当然のことながら「正解到達主義批判」ということとなり、「正解」という概念そのものを粉砕するためにはこの第一の「パラダイムの変換」を正面から受け止めることが求められていた。しかしながら一方で、これは解釈行為そのものの否定であり、もし、この立場を徹底するのであれば、教室でみんなで文学を読んだり、その読みを交流したり、読み深めたりということそのものが意味をなさなくなってしまう。いや、前提としてそもそもこれでは、どのようにして〈本文〉＝〈わたしのなかの文脈・わたしのなかの他者〉がそれぞれの読者に現象するのかもわからなくなる。（だからこそと言うべきか、あるいは自意識に欠けていたためなのか、検討は要するが、日本の教室では、バルトの提起は、「容認可能な複数性」＝「エセ・アナーキズム」として流通した。先述した「八十年代問題」と重なる。）しかし、この「真正アナーキズム」の立場に立ちきれば、読者それぞれに拡散した現象は、それ以上深まることはない。葛藤を生じさせることができないのである。

田中実の提起した「〈原文〉という第三項」は、その双方の問題を超えていくための仮設概念である。バルトの「還元不可能な複数性」の立場は文学作品が実体であることを否定するが、読者が文学作品を再読することによって、深く撃たれたり、文学作品が時代を超えて生きる可能性を考えると、完全な非実体とも考えられない。実体でもなく、非実体でもなく、〈実体性〉という概念を必要とするという所以《ゆえん》である。

「〈原文〉という第三項」が影としてはたらいて、〈本文〉＝〈わたしのなかの文脈・他者〉がそれぞれの読者に現象する。と同時に、その読者一人一人に生じた〈本文〉は、読み手自身のフィルターと「〈原文〉という第三項」の影とが葛藤することによって、たえず問い直され続け、〈実体性〉をもって現れてくるものでもある。ここで、単に「問い直される」ではなく、「問い直され続けていく」というのは、〈原文〉は、概念装置としての「了解不能の《他者》(注7)」であるからだ。「〈原文〉とは何か」と質問されることも多い。この用語そのものがわたしが編み出したものではないのだからあたりまえのことだが、「〈原文〉とは……である」というふうに、言葉で完璧に定義することは非常に難しいものなのだろうと思う。(注8)言葉で説明しえたと思った途端に、それは「了解可能の他者」(〈わたしのなかの他者〉)になってしまい、〈本文〉の葛藤は終わってしまう。「第三項」〈原文〉が了解不能の《他者》であるからこそ、わたしの中に生じた〈本文〉が絶えず問い直されていくのである。それは、〈読み〉に終着点などなく、〈文脈〉が絶えず掘り起こされ続けていくこと、自己の内奥深くに降りていくことに終わりがないことと同義である。二〇〇五年度の日本文学協会大会席上において、パネリストとして招かれた脳科学者の茂木健一郎は、文学がもたらす感動とは「青天井であって果てしがないもの」と言われたが、(注9)そのことと、これまで述べてきたことは重なり合ってくるように思われる。自己の内奥に降りていくことに底はないということと、文学から受ける感動は青天井であるということ。「底なし」と「青天井」という言葉は、その比喩する方向こそ逆になってはいるが、わたしには重なり合って感じられるのである。

(注)
7　章末注(45ページ)を参照。
8　章末注(45ページ)を参照。
9　茂木健一郎「脳はいかに文学をとらえるか(＝日本文学協会第60回大会シンポジウム報告)」(『日本文学　二〇〇六・三』日本文学協会)

しかし、その「底なし」あるいは「青天井」という可能性を引き出すためには、これまでの「読まれ方」を超えた、新しい「読み方」を模索していくことが重要になる。その核心が〈機能としての語り手〉を読むということである。なお、ここであえて〈機能としての〉とつけているのは、例えば一人称で表れる実体としての「語り手」（「わたし」「ぼく」など）と峻別し、こうした実体としての「語り手」（「わたし」「ぼく」など）もまた、〈語られている〉という領域を読むためである。〈機能としての語り〉と「視点」の峻別が重要である。

ここで教室で生徒が書いてくれた文章をもとに、「底なし」あるいは「青天井」という可能性と、「第三項」・〈機能としての語り〉とのつながりを考察したい。以後、〈語り手〉と書くときは〈機能としての語り手〉を意味する。

「自己の内奥深くに降りていくこと」「底なし」ということと同じような言葉が、実は、自由の森学園の生徒が書いた文章にも出てきている。自由の森学園では、前・後期の末に、授業に参加する中で考えたこと・感じたこと・学んだこと・発見したことを文章につづっていく「自己評価表」というものを書いてもらっている。次に掲げるのは、その「自己評価表」の中で、本書にも収録している『山椒魚』の授業について、二人の生徒がふれてくれた部分を抜粋したものである。（傍点はわたしがつけたものである。また、実践の詳細については、本書のⅡ、第3章「井伏鱒二『山椒魚』の〈語り〉を読む」をお読みいただければと思う。）

1

『山椒魚』は何も考えずにただ読むと「ものがたり」みたいに感じる。でも、その中には、山椒魚とめだか、こけ、小えびとの関係、語り手が語る山椒魚、山椒魚と蛙など、作者は巧みに操って何かを伝え、表現していると思った。こういう作品のおもしろいところは、語り手が何を言おうとしているかを考えることで、現実のこととして感じられること。そのことによって、自分と作品を照らし合わせられること。そのことから、自分自身が見えてくること、だと思う。

2

『山椒魚』には苦戦した。（中略）奥が深くて、また深くて、ひたすら深い。どこが底なのか、わからない。底なんてないのかもね、文章には。山椒魚は、現代の社会をテーマにしたものと僕は読み取った。それを読み取るまで時間がかかりました。第一印象としては、普通の物語でしたからね。「岩屋」とは何かと言われても、つまるよ。こんなにも奥が深いものと思わなかったし。でもだんだん授業を受けていくうちに、「ああ！　こういうことかあ」とか「えっ、そうなの？」とか、この文章の本当の意味？　がわかってきた。「日本語」の授業ってこれがたまらなくおもしろい。だから、飽きない。

※先述したように、自由の森学園では、「国語」を「日本語」と呼んでいる。[注10]

一人めの生徒は、〈語り手〉と登場人物の相関、〈語り手〉の自己表出を読むと、それが現実のこととして感じられ、自分自身が見えてくると書いてくれている。そのことを作品にそくして具体的に述べたい。〈語り手〉が「山椒魚のものの見方」、例えば「めだか」や「こけ」や「小えび」に対する見方をどう描いているか、という観点で読み取っていくと、そこには周囲の世界を高みから見下ろして否定していく山椒魚の認識のかたちの問題が浮かび上がり、それは同時に読者自身の認識の問題に反転していく。例えば、〈語り手〉は、群れをなして行動する

（注）

10　章末注（46ページ）を参照。

「めだかたち」を「嘲笑《ちょうしょう》」してしまう山椒魚を批評しているというように読むことが可能であるが、それと同時に、同じ「嘲笑」という言葉を用いて、わたしたち読者に対して、「諸君は、この山椒魚を嘲笑してはいけない」と語りかけてくるのである。このような〈語り手〉の自己表出をどのようなものとして読み取っていくかが重要なのであり、読者一人一人が自分の〈読み〉を読み直していくことによって、山椒魚の抱えている認識の問題が、実は読み手自身の認識のありようの問題でもあることに、気づき、撃たれていく。（例えばある生徒は授業中に、「山椒魚を嘲笑するっていうことは、山椒魚と同じになってしまうっていうことだよ。」と発言した。）また二人めの生徒は、「奥が深くて、また深くて、ひたすら深い。どこが底なのか、わからない。底なんてないのかもね、文章には。」と、述べている。二人の生徒が書いていることは、つながっているのだが、そのつながり方に、「第三項」と〈語り〉の関係を考えるうえでのヒントが隠れているように思う。

〈語り手〉と登場人物の相関を読み取るということは、実は「〈原文〉という第三項」の問題と重なり合ってくるのである。実践的には次のようなことだ。

他者（世界）を認識した瞬間、その他者は自己化され、〈わたしのなかの他者〉[注11]となる。念のために述べておくが、ここでいう他者とは、人物のみを意味しているわけではない。世界や身のまわりで起こっているできごとを認識するうえでも、小説を読むうえでも、同じことが言える。そのため、〈同じ事象〉を認識しても、人によって認識の仕方が異なるということが起きてくる。あるいは、人が属する文化共同体によって違いが出てくるということもある。（現代のような情報消費社会の中では、その文化共同体の影響が知らず知らずのうちに、作用していると考えてみるべきだと思う。）自分の〈読み〉を読み直し続けていくということは、〈わたしのなかの他者〉の問題、あるいは〈わたしたちのなかの他者〉の問題を問い直し続けていくということである。その際、読みの対象を実体ととらえても、完全な非実体と考えても、それでは〈わたしのなかの他者〉の問題を問い続けていくことはできない。仮設概念としての「第三項」〈原文〉の影が、問い直し続ける際の、その根拠になる。

また、登場人物は実体として存在しているわけではなく、〈語り手〉によって語られることによって読み手の中に現象するものである。以下の田中実の指摘が実践上においてもきわめて重要なものと思われる。

> 小説は「物語＋〈語り手〉の自己表出」であり、会話にも〈語り手〉が自己表出している。「物語」とは一つ世界であり、会話の文にも〈語り手〉は隠れ、「物語」を進行させている。天才腹話術師いっこく堂の比喩を使ってきたのは、彼が複数の人形を使い分けるように、「物語」の人物の背後には〈語り手〉がいて、この〈語り手〉がAを等身大に語ると、Bは語れなくなること、ここに近代小説の秘密、日本の文化土壌と《他者》の問題、すなわち〈わたしのなかの他者〉と了解不能の《他者》があると考えてきたからである。
>
> 田中実「消えたコーヒーカップ」[注12]より

登場人物を実体として扱い、「あらすじ」を追っていっても、この《他者》の問題は見えてこない。そうした「読まれ方」では、小説の教材価値を引き出すことができないのである。

〈語り手〉と登場人物の相関を読む中で、読み手の中に、ある登場人物の、他の登場人物に対する認識のあり

（注）

11　田中実「断層Ⅲ―パラダイム転換後の文学研究・文学教育の地平を拓く―」（注6）を参照されたい。

12　田中実「消えたコーヒーカップ」（『社会文学』二〇〇一・一二　不二出版）

ようの問題、さらに大きく言えば世界認識のありようの問題が見えてくる。それを読むということは、自分自身の認識のありようの問題、つまり自分自身の〈わたしのなかの他者〉の問題を、概念装置である了解不能の《他者》との相克《そうこく》の中で問うことに反転していく。（先に紹介した生徒の文章は、そのことを物語っている。）また生徒は授業中たびたび、「自分にも思いあたることがある」「痛いところついてくる」という言葉で、それぞれの問題として表現していく。（もちろん、それもまたどこまで行っても〈わたしのなかの他者〉なのであるが、それは問い直され続けていくものなのである。）また、さらに言えば、読書行為そのものの中に、〈わたしのなかの文脈〉が、仮設概念である「〈原文〉という第三項の影との相克の中で倒壊していく過程がある。「〈語り〉を読む」ことが、「自己を問う」「自己の〈読み〉を問う」ことにつながっていくのである。つまり、〈語り〉はひらかれていくものなのである。

4　学習者の〈読み〉を聴き取るための教材研究

ただ理論は、これも誤解されやすいところだが、これに基づけば、同じような〈読み〉が生まれるという性質のものでは決してない。理論は「〈読む〉ことの原理性」を語っているのであり、公式ではない。理屈だけでわかったつもりになって、それを教室で機械的に適用しようとするならば、別の問題が起きてくるだろう。[注13]

わたしにも経験があるが、多忙な日々の中では、民間教育研究団体が積み上げてきた、すぐに役立つ教材研究や教師用指導書のようなものに頼りがちになる。そして、そのこと自体を否定するつもりもない。しかしながら、本当に大切なのは、まず授業者が作品とどのように対峙しているかということだ。授業者がその作品と格闘し、自分の〈読み〉を掘り下げていく過程こそが、大切なのだと思う。教師が一人の人間として、その文学作品にどのように撃たれているか、ということだと言ってもよい。そこにはその教師の「生そのもの」が問われている。それがあってこそ、児童・生徒も、それぞれの〈読み〉をより深く追究していくことができるのである。時には、一人の学習者の〈読み〉が、授業者の〈読み〉よりも、教室の読者たちにより感銘を与えるということがある。教師自身も、ぎりぎりまで自分の〈読み〉を追究したあとに、授業で自分の〈読み〉を児童・生徒の〈読み〉とすり合わせながら、問い直していくのである。そこで問われてくるのは、「正しさ」ではなく、〈価値〉である。自分の〈読み〉と他者の〈読み〉のどちらが「正しい」のか、そんなことは比べることはできない。しかしながら、そのすり合わせの中で、児童・生徒も教師も、自分の〈読み〉よりも、他者の〈読み〉が、自分自身にとってもより切実なものとして響くことがある。あるいは、自分の〈読み〉が他者との問答の中で、より深められていることがある。読者が、〈読む〉ことにより自分の内奥深く降りていくときに、そしてその過程が言葉にされる時に、自分以外の他者の心にも響く何かが生まれるのである。徹底的に〈私〉・〈個別性〉を追究していくことがある種の〈公共的なもの〉あるいは〈普遍性〉につながっていくことの不思議さ、その不思議を解くヒントが、ここに隠れているように思われる。(注14) 児童・生徒も教師も含み込み、教室がそのような読者共同体に生まれ変わる瞬間が確かにあるように思う。

だからこそ、教育現場でときどき聞こえてくる次のような声を看過することはできない。

(注)

13 章末注 (47ページ) を参照。

14 章末注 (47ページ) を参照。

「文学作品の授業では、むしろ教師はあまり作品を読み込んで授業に臨まないほうがいい。そうすると、ついつい学習者の多様な読みを抑圧しがちになる。」

言おうとしていることがわからないわけではないが、こういう語り口に、わたしはいくつかの問題を感じる。もちろん学習者の多様な読みに耳を傾けることは決定的に重要である。教室の中において、教師が児童・生徒の声に深く耳を澄ますことが、彼らの思考を深め、自身が明確には意識していなかった自分の内奥に気づいていくことを助けていく。しかし、わたしの経験で言えば、教師がそのような聴き方ができるかどうかは、一人の読者として、教師自身がその作品とどれだけ格闘して授業に臨んだかということが前提となる。これは、別に教師の側に完璧な〈読み〉が準備されていなければならないなどということを言っているわけではない。また、ほかのだれとも異なる「固有」の「読み」が教師になければいけないと言っているわけでもない。（教師自身が作品を読み込んだうえで、「教師用指導書」も含めて、これまで発表されてきたさまざまな教材論に学んでいくことは極めて大切なことだと思う。それらは、共有されるべき文化財だとわたしは考えている。もし、それらの先行教材研究の中に、教師自身が当初の自分の「読み」よりもひかれていくものがあれば、無理に差異をつくろうとするよりも、その教材論をまずもとにしていくほうがいいのである。実際に授業を行う中で、さらに深められた教材論が生まれてくる可能性は常に秘められている。）問題は、一つの作品が、まず最初の読者である教師自身にどのように生きているかということなのである。さらに言えば、教師の中にその時点での「ぎりぎりの〈読み〉」がなければ、教室において、生徒一人一人がどのようなことを言おうとしているかを、その奥底の部分で受け止めることはできないと思う。何度も作品を読み込んだ教師と違い、（多くの場合）初めて作品に触れ、そして再読を始めた生徒たちは、自分の〈読み〉を自身で明確に意識しているわけではない。むしろ、自分の受けた印象や感覚を、なんとか「言葉にしてみる」ことによって、自分の感じたことや考えたことの輪郭をはっきりとしたものにさせていくのである。教師には、それを引き出すことが求められている。（その際、生徒の〈読み〉を理解していくという行為そのものの中に、〈わたしのなかの他者〉の問題があり、そのことを自覚しておかなければならない。理解は常に、概念装置としての了解不能の《他者》との相克の中で問われなければならず、生徒の〈読み〉を教師が聞き取ることの難しさと可能性はそのことの自覚にかかわっている。(注15)）

また、生徒どうしの〈読み〉を交流させていく際にも、教師の〈読み〉がどれだけ追究されて授業に臨んでいるかが、大前提となる。教師には授業の中で、生徒の〈読み〉と〈読み〉を交流させ、時にその共通性と相違点を明確にし、対話が生まれるように援助していくことが求められる。そのためには、それぞれが発言していることが、教室という学びの空間の中で相互にどのような位置にあるかを把握していなければならない。しかし、その位置はどのようにすれば把握できるだろうか。わたしの実感で言えば、どうしても、教師自身の〈読み〉を一つの座標軸として、把握するしかない。（先述したことと関連するが、この時、その把握にも、〈わたしのなかの他者〉の問題がつきまとう。しかし、その自覚こそが「把握」の質を左右していくと考える。そしてそれは、学習者どうしがお互いの発言を聴き合うことの際にも、言えることである。教師がよい聴き手であることは、学習者がそうした教師の後ろ姿に学んでいくという意味においても重要である。(注16)）だからこそ、学習者どうしが〈読み〉を交流し問い直し、その中で「自分の〈読み〉」をより深めていくためには、あらかじめ教師がぎりぎりまで、

（注）
15　章末注（48ページ）を参照。
16　章末注（48ページ）を参照。

作品と対峙しておくことが必要なのである。そして、さらにそのうえで、教師も一人の読者として、授業では学習者と一緒になって、「自分の〈読み〉」を読み直していく。

そして、その「自分の〈読み〉」を掘り下げていく過程で、先述したように第三項〈原文〉と〈語り〉の理論は、力を発揮していく。

ただわたしの場合、〈語り手〉が登場人物をどう語っているか、ということは重要な「問い」として直接学習者に提示していく（時には学習者自身から出されることもある）が、授業の中で、「第三項」もしくは〈原文〉と〈本文〉との葛藤ということを直接言ったことは今までない。なぜなら、それは、現実の読書行為の中で、実現されていけばいいことであるからだ。授業は、あるひとまとまりの時間の中で、とりあえず終わらざるをえない。その中で、当初の「読み」と授業が終わった時点での〈読み〉が変わり、より深まっているということが、教室全体としても、それぞれの児童・生徒にとっても、また教師自身にとっても、あるだろう。しかし、それで〈読み〉が終わるわけではない。これはあくまで、「現時点ではここまで読めた、ここまで自分の〈あるいは自分たちの〉奥底まで降りていくことができた」ということである。そして「授業の中で考えたことは、授業が終わってからも、さらに問い直し続けられるべきものなのだ」という実感が、教師も含めた読者一人一人にあれば、「第三項」〈原文〉という概念は、そういう用語を児童・生徒が知らなくても、実践的に生かされているといえる。先に紹介した、「底なんてないのかもね、文章には。」という生徒の言葉は、その実感の表れとわたしは感じるのである。ただし、そういう教室の文化をつくるためには、教師の側の構えが大切であり、「読むことの原理性」を自分のものとしている必要がある。理論を知的に理解しているということと、「自分のもの」とするということは、全く異なる。教師が、〈読む〉ということへ、そして自己の内奥に降りていくということへ、どこかに怖れを感じつつも強いあこがれを抱いているということが、児童・生徒の、あるいは教室全体の、〈読む〉ことへのあこがれを誘発していくと感じている。

現在のわたしは、そのことをもって初めて、文学の〈読み〉の授業の成立と考える。

前に述べたように、自由の森学園に勤める以前のわたしは、「わかる」授業をすることを授業の「成立」と考えようとしたし、自由の森学園に来てからしばらくは「おもしろいと感じてもらえる」ことに「成立」を見いだそうとしていた。今でももちろん、「わかる」「おもしろいと感じてもらえる」ことは大切だと思っているが、それだけでは、成立の内実は問えないと考える。いや、そのように言うのはあるいは正確ではないのかもしれない。「わかる」「おもしろい」という感覚がどのような次元において生まれているかということを問いたいのである。

「授業の成立」という言葉の裏には、「授業が成立しない」状況というものが意識されている。どちらかといえば、「授業が成立しない」状況というものがあるからこそ、授業の「成立」ということが問題になってきたのではないだろうか。そのような文脈では、授業の「成立」とは、ともすれば、生徒が静かに授業を聞けているとか、生徒がお互いの意見を活発に交流できているなどの、表面的な現象として考えられがちである。わたしが現在考えている成立とは、そのようなことではない。さらに言えば、作品が「理解」できたという知的了解にとどまるものでもない。「知的了解」と「自分の問題として考え、自分の内奥深くに下りていく」ことは、全く次元の異なることである。一見「成立」していると見える授業に、学びの内実がつくられていないことはいくらでもあるし、逆に、表面的には「成立していない」と思われるような状況の中にも、「自分の内奥深く降りていく」ための産みの苦しみが存在することがある。

自分の読みを読み直す、他者や世界に対する認識を問い直す、これが「自分」だと思っている〈自分〉を問い

直す……、これらの取り組みは、わたしにとっては、「誠実とはどういうことか」という問題を想起させる。(注17)

ただ、こうした誠実さは、それを身につけろといって身につくものではないし、児童・生徒だけに求めればよしとするものでは、もちろん、ない。このような誠実さは、例えば、文学作品を読む中で、当初の自分の「読み」が倒壊し、「世界が新たに見えてくる」という感動の経験があってはじめて、事後的に生まれてくるものだということを忘れてはならない。そして、「世界が新たに見えてくる」時、文学と教育は単に背馳《はいち》するだけではなく、教育の中で文学が大きな力を発揮することになる。そして、そのような時には、先に紹介したような生徒の疑問や不満は、そもそも生まれてこないか、もしくは、自然に解決されていくものだと思う。もちろん、その道のりは平坦ではなく、わたし自身、今も試行錯誤を繰り返す毎日である。

教材価値についても、ひと言述べたい。〈価値〉は、この点こそこの作品の教材価値、と思われるものを教師が考えさせ提起していくものである、という一面がある一方、生徒自身が授業で読む過程の中で、同じようなことを発見したり、さらには教師には見えていなかったところまで新たに発見すべきものとしてある。本書のⅡで紹介する「実践報告」におけるわたしの発問の中には、その〈価値〉を発見してもらいたいという願いから出た「誘導的」な側面があるかもしれない。いや、あると思う。それを教師の権力性だと批判されても、甘んじて受けようと思う。どれだけ教師の権力性を滅却しようと努めたとしても、学校には時間割があり、決められた時間になれば、教師がやってきて、一つの教材を用いあるねらいをもって授業を行う。それを教師の権力性というか、あるいは指導性というか、どのような言い方もできるとは思うが、わたしは自分がそういう立場にあることに自覚的でありたい。もちろん「誘導的」な側面をできるだけ避けるためには、教師が自分の〈読み〉を最初から展開していく授業方法もあってよいと思うが、(そして、わたし自身もそういう方法をとることが時にはあるが、)そのことによって生徒が自ら〈価値〉を発見していくという醍醐味を失わせてしまうというデメリットもありうる。わたしは、現在のところは、わたし自身の発問なども利用してもらいながら生徒が自分たちでそれぞれにとっての文学作品の〈価値〉をつかみ取っていく実感を大切にしたいと考えている。しかし、それは教師の思いどおりに授業が進んでいくということを必ずしも意味しない。まったくわたしの予想を超えたような生徒の〈読み〉が出される中で、教室全体やわたしが揺さぶられていくこともあるし、またわたしが考えたことと似たような中身のことであっても、生徒が自分の実感にそくして生み落とした言葉は、わたしの考えていた言葉よりも、ずっと切実に響くこともある。わたしの心が感動で震えるのは、そのような時である。

また、これもよく聞かれることだが、わたし自身の〈読み〉を示すのかどうかということがある。わたしは、教師も、どこかの時点で自分の精いっぱいの〈読み〉を示し、どのような感動が生まれたかを語るべきだと思う。（その「時点」は、それぞれの教室の状況において考えられるべき問題であろう。）わたしの場合は、その単元の最後のところで、授業の中で生徒から出された〈読み〉も含み込んだうえで生まれてきた、その時点での自分の〈読み〉を示すことが多い。そのうえで、さらに疑問や批評を受け、それをその後のわたしの「問い」としたいと思っている。（注18）生徒が書いてくれた「まとめの感想」や「作品論」が、新たな「問い」をわたしにもたらしてくれることも少なくないのである。

（注）
17　章末注（48ページ）を参照。
18　章末注（50ページ）を参照。

第1章・章末注

注4

「八十年代問題」については、田中実が繰り返し問題にしてきたところである。「文学の『原理主義』―失われた二十年と《新しい作品論》のために―」（「社会文学　二〇〇三・一」）等を参照されたい。田中はこの中で、バルトの提起した「真正アナーキズム」が、「八十年代」の日本において、「ナンデモアリ」の「エセ・アナーキー」「微温的価値相対主義」に変質したことを指摘している。そしてその問題を、芥川龍之介の『神々の微笑』における「造り変える力」や、北村透谷の『漫馬』における「革命にあらず、移動なり」という言葉をあげて、日本の近代化の過程と文化風土、さらには近代天皇制システムの関連で位置づけている。国語の授業を、状況と切り結び〈価値〉を紡いでいくものとして構築したいわたしにとって、この指摘とどう向き合うかの自問自答は避けられず、それを念頭に、実践・研究を続けている。「真正アナーキズム」の恐ろしさと対峙せぬまま、単に一人一人の自由な解釈やそれぞれのものの見方というレベルでとどまってしまう「エセ・アナーキズム」は、〈価値〉をめぐる問題を等閑に付してしまう。だから「八十年代問題」は、日本の文化状況の問題であると同時に、学びの〈価値〉をめぐるそれぞれの学校、教室の問題として現れるのである。それは国語の授業だけの問題にとどまらず、あらゆる教科、さらには教科外活動の問題ともつながっている。「還元不可能な複数性」＝「真正アナーキズム」と正面から対決しなければ、学ぶことの〈価値〉がどこに、どのようにして生まれるのかという探究の道を、ひらくことはできないだろう。

注5

この点について、重要と思われる文献に以下の二つがある。

須貝千里「それを言ったらおしまいだ。―価値絶対主義と文学の力―」

馬場重行「〈これまで〉の「文学教育」／〈これから〉の「文学教育」―文学という〈毒素〉の力―」

（いずれも、田中実・須貝千里編『「これからの文学教育」のゆくえ』右文書院　二〇〇五・七）

注7
田中実は「了解不能の《他者》」と「わたしのなかの他者」を峻別することの必要性を次のように述べている。

　私が考える《他者》という虚構概念は、〈わたし〉の捉える世界の外、その彼方にある。従って、〈わたし〉に理解される〈他者〉とは、〈わたしの捉えた他者〉、〈わたしのなかの他者〉であり、いわば「他者」は〈わたし〉、自己である。〈わたしのなかの他者〉と**〈わたし〉の外の《他者》という概念装置**によって照らし出されるのは〈自己のなかのかたち〉であって、〈他者〉を**〈わたしのなかの他者〉と了解不能の《他者》**とに峻別するのは、私にとっては必須である。《他者》という虚構概念はその意味で〈自己の仕組み〉を明らかにするのである。

　田中実『読みのアナーキーを超えて』（右文書院　一九九七・八）より

注8
28〜29ページの、田中実「断層Ⅲ—パラダイム転換後の文学研究・文学教育の地平を拓く—」（注6）において田中は、「〈原文〉という第三項—プレ〈本文〉を求めて」（『文学の力×教材の力　理論編』教育出版　二〇〇一・六）における「主体としての〈本文〉と客体としての文章との間に、〈原文〉をおく」という説明から、「主体・客体の二項の外部・第三項」すなわち「了解不能の客体そのものの主体への働き」を〈原文〉ととらえる、というふうに論を発展させた。また最近の論考としては「なぜ、〈原文〉と〈語り〉なのか—『読みの背理』を解く三つの鍵」（『国文学解釈と鑑賞』二〇〇八・七」至文堂）がある。この問題の根底には、「言語論的転回」をどのようなものとしてとらえるかということがあると思われる。あわせて次の指摘も、国語教育実践者にとって重要である。

　人間にとって世界は〈言語介在以後〉によって生じます。この我々の世界、目に見え、耳に聞こえ、鼻に匂い、肌に触る、この世の出来事、森羅万象が〈言語介在以後〉初めて現象するのであって、その言語によって今度は世界が隠されていきます。言葉は直接客体そのものを捉えることはできません。しかし、言葉を通さなければ客体を捉えることはできません。その言葉をあたりまえの道具だと思い込まされ、見ている、見えていると思い込んでいます。「いちばん大事なものは目に見えない。」のであります。目に見える客体とそれを捉える主体との二項で世界を捉えるのでなく、捉えられない第三項を設定し、媒介することが要請されています。そこに文学や芸術、哲学、宗教、思想の扉が開いているのだと思います。

田中実「HOWとWHYの問題—中学国語教材池田晶子『言葉の力』をめぐって—」より
（科学的読みの研究会『研究紀要Ⅸ　二〇〇七・八』）

実践者としてわたしが思うのは、一つの授業をつくるすべての過程の中に、「第三項」を媒介することが求められているのではないかということである。授業をつくるということは、授業者にとって内なる闘いを生きるということである。見えないものという〈向こう側〉を見ようとして、「教材の文章や生徒の文章」に眼を焦がすこと、聞こえないものという〈向こう側〉を聴こうとして「生徒の発言」に耳を澄ますこと……、そうしたことなしに、一つの授業をつくることはできない。つまり、教材研究の時も、一つ一つの生身の授業の実際の中でも、授業が終わってからの生徒のまとめの文章を読む時にも、改めて作品と向き合い自分の〈読み〉や授業を振り返る時にも……、その全てに「第三項」を介在させることが要請されているのである。そこには国語教育実践者としての〈倫理〉が問われていると考える。

注10

若干説明しておきたい。自由の森学園が従来の「国語科」を学内で「日本語科」と呼んでいるのは、簡単に言えば、「国」という概念と「言葉」を切り離す必要を感じているからである。このことは、田中克彦『ことばと国家』（岩波書店一九八一）等で論じられていることから、学んだものである。

しかし、「国語科」を「日本語科」と呼び直すことで、あるいは「日本語科」を「国語科」に対置することで、問題が解決するわけではない。その内実が問われなければむしろ、問題が奥底に隠蔽《いんぺい》される危険性もある。どのような名称をとるにせよ、わたしたちは、「国語」（共同体の言語）の中に生きているという自覚をまずはもたなければいけないだろう。その事態は引き受けられなければならないものである。しかし「国語」という地点に留まっているかぎり、「国語＝国家」という共同性を超えることができず、そのことは国家（共同体）と国家（共同体）の抗争の中に「言葉」の問題を回収していくことになってしまう。だからわたしたちに求められているのは、国語（共同体の言語）の影響下にあることを自覚しつつ、「国語＝国家」という共同体の規範を超えていく志向性をもつことである。このことについては、須貝千里「それを言ったらおしまいだ。―価値絶対主義と文学の力―」(注5)を参照されたい。そのためには、国語によって生まれつつも《他者》の問題を顕在化させる「近代小説」のもつ教材価値を生かし、共同体の価値規範そのものを問う文学教育のあり方が重要になる。「国語科」と呼ぶのであれ、「日本語科」と呼ぶのであれ、重要なのは国語を用いつつ、国語と国家を超えていこうとすることなのだと考えている。それは「言葉とは何か」という根源的な探究、「言語論的転回」をふまえた探究につながっていくことになる。

ただし、学習指導要領では一貫して「国語科」の中に文学教育の領域が認められていない。ここに大きな問題がある。

注13　〈語り〉という用語そのものは、文学研究、文学教育研究それぞれにおいて氾濫していると言ってもよい。〈知的了解〉に留まらずに、読み手の生にいかに響くかという観点を貫くことが大切である。本書の題名もそのことを意識したものである。なお、この点に関して馬場重行・佐野正俊による「往復書簡」(「月刊国語教育　二〇〇四・九」及び「同二〇〇四・一〇」東京法令出版)が、示唆に富む。

注14　つけ加えておきたい。ここで言う〈公共的なもの〉も〈普遍性〉も、実体的なものとしてとらえてしまうと、たちまち「共同体」の力学に絡め取られることになるだろう。

そのことには注意しなければならない。しかし、〈公共的なもの〉や〈普遍性〉という概念そのものを拒否し、そこに個への圧迫しか見ないのであれば、逆に、徹底的なアナーキーの世界に人（わたし）は生きられるのか、と自問してみる必要があろう。

大澤真幸は「〈日本語〉で考えるということ」(「日本文学　二〇〇七・三」日本文学協会)の中で、「文学が現前させる〈特異性〉こそが〈普遍性〉への可能性を拓く」と論じている。ア・プリオリに想定されたものとは異なる〈公共的なもの〉

あるいは〈普遍性〉への志向性は、大澤が提起した問題とどこかで重なり合うと思われる。

注15

生徒の〈読み〉を聴き取る、あるいは生徒理解ということの難しさと可能性については、漠然と感じてはいたが、このことを改めて強く意識させられた論文として、以下の三つがある。またこのことは、注8に述べたこととかかわっていると考える。

戸田功「『読むこと』による研究的コミュニティの成立」（『日本文学　二〇〇四・八』日本文学協会）

堀裕嗣「メタレベルの視座を生活世界内に投げ返す」（『日本文学　二〇〇六・八』日本文学協会）

成田信子「子どもの〈読み〉を読む―そこに広がる世界をつかめ―」（『日本文学　二〇〇六・八』日本文学協会）

注16

ここでは十分に論じる余裕がないが、文学作品の〈読み〉の授業の中には、感想や作品論を「書く」ことに加えて、「話すこと・聞くこと」の学びも自然に含まれてくる。（もちろん、それぞれ独自に取り立てた学習が必要であることはふまえたうえでのことである。）「話すこと・聞くこと」あるいは「対話」「議論」について考える時にも、この〈わたしのなかの他者〉の問題を視野に入れておくことが必要なのではないか、というのがわたしの考えである。

注17

同時に、「自己を問うこと」「自己の〈読み〉を読むこと」は、例えば竹内常一が指摘してきた「反省主義」「体制にとって義あるもののみを読む」とは、異なるものでなければならない。竹内は、「所感交感　語りの構造のとらえ方をめぐって」（『文学の力×教材の力　中学校編一年』教育出版　二〇〇一・六）の中で、『少年の日の思い出』が、「戦後一貫して中学国語教材でありつづけてきたのは、日本の学校が『自己反省』『自己実現』を生徒に強要する『反省主義』を本質とし、いまもしているから」と指摘、できごとを語り直す「わたし」の〈語り〉に着目することによって、「反省主義」の問題を超え、『少年の日の思い出』の教材価値を引き出そうとしている。わたしにとって、竹内の指摘はきわめて重要なものである。だからこそ、わたしがこの書でたびたび用いている、「自己を問うこと」「自己の〈読み〉を読むこと」の意味は、氏の指摘する「反省主義」とは異なるものであることを強調しておきたい。国家という共同体に自己を同一化させて自己滅却をはかる「反省主義」は、自己を同一化させている国家が他の国家に対して「欲望」の原理をむき出しにすること、そのことについて自分が目をつぶっていることについては、「自己を問」わないのである。

なお、すでに大正時代に芦田恵之助は、大正五年「讀み方教授」（『芦田恵之助国語教育全集7』明治図書　一九八七）において、「讀み方は自己を讀むものである」と鋭い実践者の直感で看破している。しかしながら、同時に「緒言」として「修養」の重要性を説き、さらに「修養」とは「内省によつて自己に行はる、自然の法則を會得し、天地間の萬物悉く同一法則に支配せらるるものと信じて、安んじて日々の生活を樂しむことである」と述べてもいる。大正十四年「第二讀み方教授」（『芦田恵之助国語教育全集7』明治図書　一九八七）でも、「内省して自己の尊重すべきことを悟つた目で、皇室の御上を思ふ時、まづ思ひうかぶのは、皇室は上にあつて國安かれといのりたまひ、萬民は下にあって、この國土に生を安んじて來たことです。それが建國以來一日もかはらなかつた事を思つて、まづ感謝の念が湧くと共に、皇室のいよ〱榮えさせ給ふやうにと、誰も祈らないものはありません。上には萬民がその處を得るやうにと自然の大法を如實に示したまひ、萬民はその大法を仰いで而も内省によつてこれをおのれに會得し、上下心を一にして、この國家を擁護することが、上下を通じての重大な任務です。我が國の大革新が常に上から起つて、下に及ぶ歴史にかんがみても、社會主義者―共産黨―の活動など、あまりに氣の短い話ではあるまいかと思ひます」とある。これらの論述を合わせて考えてみた場合、芦田の「自己を讀む」「内省」が、竹内の言う「体制にとって義あるもののみを読む」ものと重なり合っていったのではないかという疑問は否めない。野地潤家が『芦田恵之助国語教育全集7』（明治図書　一九八七）の「解題」で述べたように、「芦田恵之助は、読み方教授の意義をとらえるのに、作者と同一の思想感情の会得という作者への志向から、自己を読ませるという自己（読み手）への志向へと、大きい転回をしている」のは確かであるが、その「転回」は、（時代的な制約から見て当然ではあるが、）あくまでも実体論の範囲内のものであったと言えよう。

「還元不可能な複数性」あるいは「言語論的転回」をふまえた今日の時点で、芦田の「讀み方は自己を讀むもの」という言説が有していた可能性を引き出しつつ、同時に限界・問題点をも、批判的に検討しなければならないと考える。

注18

以上のことを視野に入れて、わたしは、「第59回日本文学協会国語教育部会夏期研究集会基調報告　文学教育の転回と希望―ことばの〈公共性〉をめぐって―」(「日本文学　二〇〇七・一二」日本文学協会）において、〈読み〉の授業の方法論として、断片的なものではあるが、以下の五点を提起した。今後さらに深めていきたいと考えている。

(1)　授業を構想する際には、了解不能の《他者》の問題を教材の〈読み〉をとおして浮上させることを意識し、そのために「機能としての〈語り手〉が登場人物やできごとをどのように語っているか」、また、「その〈語り〉には〈語り手〉のどのような自己表出が感じられるか」という「問い」を中軸に、指導計画を作ること。

(2)　初発の疑問や感想を集約した際、それらを当初の構想を結びつけ位置づけてみること。同時に、最初の構想の中で抜け落ちているものがなかったか、問い直すこと。そのうえで、細部の（断片的な）〈読み〉を生かしつつ、細部と細部を結びつけ、「物語」全体をとおしての「〈語り手〉の自己表出」について考えさせるための「問い」、あるいは「学習課題」を整理して示し、再読へといざなうこと。（〈語り手〉という言葉を用いるかどうかは、その現場の状況にそくして考えればよいが、〈語り〉を意識させることは重視される必要がある。）

(3)　授業が進んでいく過程で新たに生まれる疑問や意見を全体で共有し、重要と思われるものについては、最初に提示した「問い」や「学習課題」に加えたりそれを修正して提示すること。

(4)　授業のどこかで、教師が作品に見いだした〈価値〉を込めた〈読み〉を示し、教室全体で検討すること。（この点についてはすでに、佐野正俊が「日本文学　一九九九・一二」（日本文学協会）所収の「なぜ私たちは〈文学教育〉にこだわるのか―新しい実践論へ―」で提起している。）

(5)　授業の最後に、例えば「作品論」や「まとめの感想」など、〈書く〉ことにより授業における自身の〈読み〉の過程を振り返らせながら、初読時と授業終了時に現在自身が立っている「位置の違い」について考えさせること。〈読む〉ことも〈書く〉こともどちらも「表現」であるが、最後に〈書く〉ことは、〈読み〉を内的に構造化することにより、自身の〈読み〉をいったんまとめ、他の読者に伝えていこうと試みるものとなる。と同時に、作品を読んだことの意味を考えたり、その後も考え続けられるべき新たな〈問い〉を生むために有効である。）

これらの過程すべてにおいて大切なのは、生徒と教師が、「自己の〈読み〉を読み、〈わたしのなかの他者〉の問題を超えていこう」とする構えを共有することである。特に授業者自身の、「了解不能の《他者》」へとひらかれ続けていこうとする志向性が、生徒に感じ取られた時こそ、生徒は授業者の後ろ姿に学んでいく。「文学教育の転回と希望」が国語の授業のみならず、生徒と教師の生の問題になるのはその時である。

第2章　文学教育と「これからの民主主義」の創造

1　現代社会の縮図としての学校と〈文学の力〉

わたしの実践報告と考察を読んでくださったかたの中には、「それは自由の森学園という特殊な私学での問題ではないか」と思われた人が、あるいはいるかもしれない。しかし、決してそうではない。先述したように、わたしは、自由の森学園に赴任する前に、「大学進学」を「売り」にした私立の中・高等学校や公立中学校でも教壇に立っていたが、それぞれの現場の中に、これまで述べてきた問題は潜在ないしは露出していた。ということは、それぞれの現場の中に、第1章で論じたような教材価値を文学が発揮しうる可能性があるということでもある。それぞれの学校は、現代日本社会の縮図であり、そしてそれぞれの文化共同体を形成しており、その中で生きる児童・生徒や教師はその影響下にある。

また、自由の森学園が「特殊」な私学であるとも、わたしは考えていない。「個と自由」「個性と多様性」の原理、言い換えれば戦後民主主義の理念のうちに内在する一つの原理を突きつめ、理想を高く掲げて出発した学校だと考えている。また、「人はなぜ学ぶのか」という根源的な問題を、点数序列を排することによって、あえて浮上させた学校であるとも考える。教育学者である佐藤学によって「学びからの逃走」という状態が指摘されて久しいが、(注1)それは、決して自由の森学園だけの問題ではないはずだ。もし、戦後民主主義の理念や「個と自由」あるいは「個性と多様性」の原理を徹底的に突きつめていけば、学びの意味を生徒側からも問い直す自由の森学園の立場にどこかで行き着くことになるだろう。

学校は「民主主義の学校」でなくてはならないという話を、わたしは何かの本で読み、深く感銘を受けた覚えがあるが、その意味において自由の森学園の築いてきた到達点とこれから解決すべきこととして残されている問題点も、ある意味で日本社会の縮図だと思われる。だから、自分の所属する現場について、そこに生きる児童・生徒と教師について、徹底的に思考することによってこそ、現代社会全体の状況と、そこに切り込む国語教育のありようが見えてくるとわたしは考えている。

これまで述べてきた見地に立って、ここでは、わたし自身が現在責任を負っている自由の森学園という学校における到達点と課題、そして戦後民主主義の光と影、そして「これからの文学教育」のあり方について、できるだけ関連させて論じたい。

須貝千里は、座談会「今日の『教育改革』と『読むこと』の新たな可能性」(注2)において、「戦後民主主義は機能不全となり、新しい民主主義の創造が可能かどうかが問われて」いると述べている。また、二〇〇四年二月の文化審議会答申(注3)の中に「日本の文化の価値、これを実体、絶対のものとして、文学作品の教材価値を認めていくという方向」があるとし、その動向は「すべてがバラバラにされて、それを個性とか多様性とか言っていることに

(注)

1　章末注（72ページ）を参照。

2　座談会「今日の『教育改革』と『読むこと』の新たな可能性」（田中実・須貝千里編『「これからの文学教育」のゆくえ』右文書院　二〇〇五・七）

3　文化審議会答申「これからの時代に求められる国語力について」二〇〇四・二・三

対するイラダチ」の表れであり、「それは憲法や教育基本法の『改正』という問題と連動して、まさに政治問題化して」いるとも発言している。（現実に、教育基本法はその後、二〇〇六年一二月に「改正」された。この問題については次節「2　国語教育をめぐる今日的状況」でも触れるが、この文化審議会答申では、「近年の日本社会に見られる人心などの荒廃が、人間として持つべき感性・情緒を理解する力、すなわち、情緒力の欠如に起因する部分が大きいと考えられる」としており、その「情緒力」として、「他人の痛みを自分の痛みとして感じる心」、「家族愛、郷土愛、日本の文化・伝統・自然を愛する祖国愛」、「名誉や恥といった社会的・文化的な価値にかかわる感性・情緒を自らのものとして受け止め、理解できる力」などをあげていた。）さらに、須貝はこのことを指して、「八〇年代問題」と対峙しないまま、「エセ価値相対主義」から「エセ価値絶対主義」への転換が図られようとしていると指摘した。(注4)

わたしは須貝の分析と、その分析を支えている問題意識を「わがこと」として受け止めなければならないと思う。小学校から大学までそれぞれの教育現場にいる人間が、現場の実感に即して、この問題をどれだけ深く切実にとらえることができるかが大切である。その自覚の中にこそ「これからの文学教育」がつくられていく可能性があると考えるからである。

わたし自身のこととして言えば、これまで勤めてきた学校の中に、その「すべてがバラバラにされて」いる問題への「対処」の仕方は、それぞれの形で現れていたと思う。例えば、最初に勤めた私立の進学校では、そのままにしておけば「バラバラ」になる生徒たちを「有名大学に進学することこそ、君たちの将来をひらくものだ」という「既成の物語」で、なんとか学校につなぎ止めようとしていた。また次に勤めた公立中学校では、当時の文部省（現在の文部科学省）が推し進めていた「新しい学力観」による「個性と多様性の尊重」が引き起こしていかざるをえない「バラバラにされて」しまう問題を、「関心・意欲・態度」を生徒の挙手と発言の数によって教師が把握するという管理や、部活動・「生徒指導」・行事などがもたらす「一体感」によって、ほころびが起きないようにしていたのだと思う。しかし、このような「対処」の仕方で、状況に切り込むことができないのは明らかであるし、そうした「対処」そのものが、新たな闇を作り出してしまっている。(注5)

「自分の学校の教室では、そもそも『多様な読み』や『個性』そのものが出てこない」という嘆きの声を聞くこともあるが、その現象から、一人一人の生徒が「バラバラにされて」はいないのだという結論を導くのは、危険である。どのような「対処」の仕方がされているか、どのような力学が「共同体」にはたらいているかが、問われなければならない。その「問い」が、文学を授業の中で生かすために、また現場にそくした授業過程を構想するうえで、必要なのである。私見だが自由の森学園の場合、「個性と多様性の尊重」を中途半端な形ではなく、これまで自明とされていた学校共同体としての「秩序」が維持されるかどうかというぎりぎりのところまで推し進めていったために、「ごまかしのきかない」問題となって現れているのであると思う。(だからこそ、限りない可能性があると考える。)例えばそれは、授業や教材そのものの〈価値〉が、生徒の側から問われてくるという問題として現象する。(それは単に国語教育だけの問題ではなく、あらゆる教科の問題である。さらに言えば、教科だけでなく、あらゆる問題で「与えられた正解はない」ことを前提とする中で、どのようにしたら、個と個はつながれるのか、〈共有されるべき価値〉とはどこにあるのか……という、生きることそのものにかかわ

(注)
4　章末注(72ページ)を参照。
5　章末注(72ページ)を参照。

る問題でもあろう。）あるいは、先述したように、なぜ学ばなければいけないのか、という本質的な問いが浮上してくるということである。学びの意味というのは本質的にパーソナルなものであり、だれかにとって〈価値〉が感じられたからといって、ほかのだれかにとってもすぐにその〈価値〉が感じられるとはかぎらない。その時、〈価値〉が感じられる生徒だけに授業に参加してもらえばよいのである、ということにはならない。例えば、文学作品を最初に読んだ時に、それを「おもしろい」と感じるか、それとも感じられないかは、「読み方」〈主人公主義で読むのと、〈機能としての語り手〉と登場人物の相関で読むのとでは、作品の見え方そのものが変わってくる〉の問題ともあいまって、基本的には「バラバラ」である。その感じ方自体を否定し「これは読むべき価値のある作品だから読みなさい」と強弁するのは、価値を実体化した「エセ価値絶対主義」につながり、逆に最初の印象を絶対化し「文学作品の〈読み〉は人それぞれでいいのだから、それもしかたがない」とするのは、「エセ価値相対主義」の現れと言ってよいだろう。それでは、第1章で述べた「八十年代問題」と対峙できない。

誤解のないように自分の立場を明確にしておきたいが、わたしは「個と自由」「個性と多様性」を尊重する戦後民主主義そのものを単純に否定し、国家主義や全体主義に回帰しようとするものでは決してない。〈それでは、エセ価値絶対主義に陥る。〉ここに現れている問題を、「国歌」や「国旗」あるいは「天皇制」という装置を用いずに、超えていきたいと願っている。言ってみれば「個と自由」の原理、「個性と多様性の尊重」の到達点をふまえ、そのうえで、個と個がどのようにつながれるのか、個から出発して、〈共有されるべき価値〉や〈公共性〉(注6)をいかに模索していくのか、ということを考えたい。そのためには、個の認識のありようを問い、〈わたしのなかの他者〉〈他者や世界は認識した瞬間、自己化される〉の問題を超えていくしかない。わたしの文学教育の実践と考察は、一人一人の生徒の初発の感想・疑問を表出してもらうことから始まり、次にその個の〈読み〉を、「第三項」という概念装置によって葛藤させ、〈機能としての語り手〉と登場人物の相関を読んでいくことによって、ひらいていこうとするものであるが、その過程は「これからの民主主義」の創造、個から出発して〈公共的な価値〉を模索していくことと重なり合っていく。換言すれば、個〈わたし〉はア・プリオリに「ある」のではなく、読書行為の中で自らの認識のありようを問い続けていくことをとおして、世界と自己を見つめる〈まなざし〉を獲得し、民主主義を担う〈主体〉として構築されるのである。

2　国語教育をめぐる今日的状況

前節では、「学びからの逃走」問題に「読むこと」の領域で切り込み、〈共有されるべき価値〉や〈公共性〉を模索していくためには、「第三項」という概念装置をとおして、自らの認識のありようを問い直していくことが必要であることを述べた。そしてそれは、世界と自己を見る〈まなざし〉を獲得し、民主主義を担う〈主体〉を構築していくことと一体であると論じた。

わたしの考えでは、その課題と、二〇〇八年度日本文学協会国語教育部会の活動テーマ「文学教育の転回と希望―〈文脈〉を掘り起こして」とは、密接につながっている。特に、サブタイトルに、「〈文脈〉を掘り起こして」とつけられていることに込められた意味合いが重要である。〈文脈〉をどのように定義するかにもよるが、広義にとらえればこの問題は国語教育のみならず、教育全般の問題の焦点になると考える。

（注）

6　章末注（73ページ）を参照。

なぜなら、今日の「学びからの逃走」問題の焦点は、〈文脈〉が切断されてしまっていること、別の言葉で言えば、学習者にとって世界が断片化され、一つ一つの事象のつながりが発見できずにいるということとして表れていると、考えるからである。しかしこのように言うと、あたかも教師の側には、文脈が「発見」されているかのように、思われてしまうかもしれない。だがそのようにとらえてしまうと、教師の側には教えるべき文脈があらかじめあって、学習者はそれを受け取るだけの受身の存在だということになる。またそうなると、教師が有している文脈を生徒が発見できていないという「正解到達主義」がたちまち忍び込んでくる。いや、それ以前に、教師が有している文脈が、妥当なもの・価値あるものであるとどうして言えるのかが、問題になるだろう。

〈文脈〉はあらかじめ実体として存在しているものではないのである。

しかし、学習者にとって〈文脈〉が「発見」されなければ、読むことの意味も、学ぶことの意味も感じとることはできないのも事実である。

ならば、どのように考えるべきか。

またそのことに、現在の国語教育をめぐる言説はどう対処しているだろうか。

わたしがこの文章を書いている現在（二〇〇八年一二月）、国語教育をめぐる状況は、大きく揺れ動いている。二〇〇八年三月、小・中学校の学習指導要領が改訂されたばかりである。高等学校についても、二〇〇八年度中には改訂される見通しである。

まず、改訂された小学校学習指導要領の総則を見てみよう。

学校の教育活動を進めるに当たっては、各学校において、児童に生きる力をはぐくむことを目指し、創意工夫を生かした特色ある教育活動を展開する中で、基礎的・基本的な知識及び技能を確実に習得させ、これらを活用して課題を解決するために必要な思考力、判断力、表現力その他の能力をはぐくむとともに、主体的に学習に取り組む態度を養い、個性を生かす教育の充実に努めなければならない。その際、児童の発達の段階を考慮して、児童の言語活動を充実するとともに、家庭との連携を図りながら、児童の学習習慣が確立するよう配慮しなければならない。

総則　第1　1　より

各教科等の指導に当たっては、児童の思考力、判断力、表現力等をはぐくむ観点から、基礎的・基本的な知識及び技能の活用を図る学習活動を重視するとともに、言語に対する関心や理解を深め、言語に関する能力の育成を図る上で必要な言語環境を整え、児童の言語活動を充実すること。

総則　第4　2(1)　より

すでに多方面から指摘されてきたことであるが、「知識・技能」を「習得」し、それを「活用」することが、重視されている。「総合的な学習の時間」を削減し、教科の授業時間を一割程度増加させたことに表れているように、一九七〇年代から続いた「ゆとり路線」は根本的に転換されている。また、「活用」「思考力、判断力、表現力その他の能力をはぐくむ」という言葉からは、例えば二〇〇三年に行われた「国際的な学力調査」における「読解力低下」問題、いわゆる「ＰＩＳＡショック」に対応していこうというねらいが明らかに見てとれる。また、各教科等で言語能力を育成するために、「言語環境」「言語活動」を充実させると明記されていることも、これまでにはみられなかった特徴の一つである。

その中核として位置づけられていると思われる国語科では、具体的な「言語活動例」が示される。これは「例えば、次のような言語活動を通して」というようなある種の強制力を伴った表現とともに提示され、「知識と技能」の「習得」と、これらを「活用」しながら課題を解決するにあたって必要な「思考力・判断力・表現力」の育成が意図されていると考えられる。さらに、「伝統的な言語文化と国語の特質に関する事項」が設けられていることとも、新たな特徴といえよう。

もっともこれらの方向転換は、この時期になって突然なされたものではない。前節で論じた二〇〇四年二月の文化審議会答申「これからの時代に求められる国語力について」、PISAショックに対応した「読解力向上プログラム」[注7]や「読解力向上に関する指導資料―PISA調査（読解力）の結果分析と改善の方向」[注8]、さらには二〇〇六年の教育基本法「改正」など、一連の動向との関連で検討される必要がある。それを念頭に、国語教育をめぐる今日的状況についてふれ、問題の焦点について論じておきたい。

「国語を適切に表現し正確に理解する能力を育成し、伝え合う力を高めるとともに、思考力や想像力及び言語感覚を養い、国語に対する関心を深め国語を尊重する態度を育てる」（小学校学習指導要領　国語　第1）、「国語を適切に表現し正確に理解する能力を育成し、伝え合う力を高めるとともに、思考力や想像力を養い言語感覚を豊かにし、国語に対する認識を深め国語を尊重する態度を育てる」（中学校学習指導要領　国語　第1）のように、提示されている教科の「目標」については変化がない。「A話すこと・聞くこと」「B書くこと」「C読むこと」の三領域とその順番、（順番には、何がより重視されているかが表れていると言える、）そして「三領域一事項」という構成についても、現行の学習指導要領と同じである。しかし、現行の〔言語事項〕の内容のうち各領域の内容に関連の深いものについては、実際の言語活動においていっそう有機的にはたらくよう、それぞれの領域の内容に位置づけるとともに、必要に応じてまとめて取り上げられることになった。また、〔言語事項〕は〔伝統的な言語文化と国語の特質に関する事項〕と改められ、「我が国の言語文化に親しむ態度を育てたり、国語の役割や特質についての理解を深めたり、豊かな言語感覚を養ったりするための内容」（小学校学習指導要領解説　国語編　第1章2）が示されている。

これまでの学習指導要領においては、高等学校では「言語文化」という言葉はあったものの、小・中学校において用いられてはいなかった。「言語文化」という概念への着目は小・中学校においても大切なことであると思われるが、「伝統的な」という冠がついていることに留意しなければならない。当然のことながら、ここには教育基本法「改正」と連動した動きが見てとれる。また先に論じた文化審議会答申の影響も、ここには反映されていると見る必要があるだろう。

大きく変わっているのは、小学校・中学校の各学年における「目標」と「指導事項」の提示のされ方である。特に、小学校5・6年から中学校各学年（現行学習指導要領では、中2・中3は一つになっているが、新学習指導要領では分けられている）の目標において、「目的」「場面」「意図」に「応じ」という文言が文頭に置かれていることが大きな変更点である。

例えば中学校各学年の目標のうち、「読むこと」に対応していると思われるものをあげてみよう。

（注）

7　文部科学省「読解力向上プログラム」二〇〇五・一二

8　文部科学省「読解力向上に関する指導資料―ＰＩＳＡ調査（読解力）の結果分析と改善の方向」二〇〇五・一二

第1学年　目的や意図に応じ、様々な本や文章などを読み、内容や要旨を的確にとらえる能力を身に付けさせるとともに、読書を通してものの見方や考え方を広げようとする態度を育てる。

第2学年　目的や意図に応じ、文章の内容や表現の仕方に注意して読む能力、広い範囲から情報を集め効果的に活用する能力を身に付けさせるとともに、読書を生活に役立てようとする態度を育てる。

第3学年　目的や意図に応じ、文章の展開や表現の仕方などを評価しながら読む能力を身に付けさせるとともに、読書を通して自己を向上させようとする態度を育てる。

（ここでは、「場面」という単語が出てこないが、中学校各学年の「話すこと・聞くこと」についての「目標」は、「目的や場面に応じ、日常生活にかかわることなどについて構成を工夫して……」（1年）、「目的や場面に応じ、社会生活にかかわることなどについて相手や場に応じて……」（3年）のように、「場面」という言葉が用いられている。）

問題は、文頭に置かれている「目的」「場面」「意図」に「応じ」とは、いったいどのような「目的」「場面」「意図」なのかがわからない、ということである。この点に関して須貝千里は次のように指摘している。

問題の焦点は、国語科においては「目的や場面（意図）に応じて」という点に集約される。このことは「日常生活や社会生活の…」ということだ、と言われるだろう。そうであるならば、このことは否定されることではない。しかし、このことが学習指導要領の「指導事項」に置き換えられ、そこから逆算して学習が考えられていくのであるならば、話は別である。学習対象の〈文脈〉の掘り起こしが看過されてしまうからである。「文脈」の裁断が前提にされてしまうからである。そのことによって「指導事項」が「教科目標」にすりかえられる。このことが「指導事項」の「習得と活用」という、自己目的化を招来することになる。

須貝千里「『亡霊退治』の時代へ ―『国語のため』に」(注9)より

教室で中・高校生とともに授業をつくっているわたし自身の実感からしても、須貝の指摘が杞憂とは思えないのである。

例えば小説を読んでいても、学習者にとって一人一人の登場人物の言動やできごとが、断片化されたまま放置されていて、作品世界が一つの像となって結ばれていかないということがよくある。あるいは、一つの場面で読み取ったことと、別の場面で読み取ったことが矛盾していても、まったく気にならないまま済ませてしまっているということもある。そうなると学習者にとって教材は、無意味な文字の連なりとして映ってしまう。

しかし、それはもちろん学習者の責任ではない。場面ごとの登場人物の心情や一つ一つのできごとを、全体を統括する〈語り手〉に着目せずに、バラバラに読ませていく授業のあり方や、あるいは評価のされ方こそが問題化されなければならない。そのことが俎上《そじょう》にあげられないまま、「指導事項」の「習得と活用」が自己目的化されていけば、問題はますます深刻になるばかりである。(注10)

前述したように〈文脈〉の切断は、学習者にとって世界が断片化され意味の連なりを失ってしまっていること

(注)

9 須貝千里「『亡霊退治』の時代へ ―『国語のため』に」(『国文学解釈と鑑賞』二〇〇八・七」至文堂)

10 章末注(74ページ)を参照。

を意味しており、このことが放置されたままでは、児童・生徒は「学ぶことの意味」を実感することはできない。〈文脈〉問題は、理論上の問題ではなく、教室における実践的な問題としてきわめて重要である。さらに言えば、これは国語教育だけの問題ではなく、自分を取り巻く世界をどのように認識し、どうかかわっていくかという、これからの民主主義を担う〈主体〉を構築するためのきわめて臨床的な課題である。その際、〈文脈〉はどこに、どのようにして生じるのかという問いと正面から向き合わなければならない。実体としてア・プリオリにあるものとしてではなく、さりとて完全な非実体としてでもなく、「読むこと」の中で「掘り起こし」ていくものとして動的にとらえることが重要になる。

しかしながら、その問題は未だ正面から位置づけられてない。それはなぜなのか。その根本的な原因は前節で論じたように、教育・国語教育をめぐる言説が、「還元不可能な複数性」問題を捨象したところで、つまり「エセ価値絶対主義」と「エセ価値相対主義」の癒着の中で論じられているからなのである。国語教育に引きつけて言えば、それは、「言語」と「認識」が常に切り離されている二元論的な図式として現れる。国語教育界では、「言語は認識そのものである」という意味においての「言語論的転回」が、徹底した形では未だにふまえられていないのである。（それは第1章で述べてきたことで言えば「言語論的転回」が「還元不可能な複数性」問題の位相でとらえられておらず、それに正対できていないということである。）例えば中学校学習指導要領の「読むこと」の指導事項と具体的活動例をあげてみたい。傍線は筆者によるものである。

第1学年　C　読むこと

(1)　読むことの能力を育成するため、次の事項について指導する。

ア　文脈の中における語句の意味を的確にとらえ、理解すること。
イ　文章の中心的な部分と付加的な部分、事実と意見などとを読み分け、目的や必要に応じて要約したり要旨をとらえたりすること。
ウ　場面の展開や登場人物などの描写に注意して読み、内容の理解に役立てること。
エ　文章の構成や展開、表現の特徴について、自分の考えをもつこと。
オ　文章に表れているものの見方や考え方をとらえ、自分のものの見方や考え方を広くすること。
カ　本や文章などから必要な情報を集めるための方法を身に付け、目的に応じて必要な情報を読み取ること。

(2)　(1)に示す事項については、例えば、次のような言語活動を通して指導するものとする。
ア　様々な種類の文章を音読したり朗読したりすること。
イ　文章と図表などとの関連を考えながら、説明や記録の文章を読むこと。
ウ　課題に沿って本を読み、必要に応じて引用して紹介すること。

第２学年　C　読むこと

(1)　読むことの能力を育成するため、次の事項について指導する。
ア　抽象的な概念を表す語句や心情を表す語句などに注意して読むこと。
イ　文章全体と部分との関係、例示や描写の効果、登場人物の言動の意味などを考え、内容の理解に役立てること。
ウ　文章の構成や展開、表現の仕方について、根拠を明確にして自分の考えをまとめること。
エ　文章に表れているものの見方や考え方について、知識や体験と関連付けて自分の考えをもつこと。

オ　多様な方法で選んだ本や文章などから適切な情報を得て、自分の考えをまとめること。

(2)(1)に示す事項については、例えば、次のような言語活動を通して指導するものとする。

ア　詩歌や物語などを読み、内容や表現の仕方について感想を交流すること。

イ　説明や評論などの文章を読み、内容や表現の仕方について自分の考えを述べること。

ウ　新聞やインターネット、学校図書館等の施設などを活用して得た情報を比較すること。

第3学年　C　読むこと

(1)　読むことの能力を育成するため、次の事項について指導する。

ア　文脈の中における語句の効果的な使い方など、表現上の工夫に注意して読むこと。

イ　文章の論理の展開の仕方、場面や登場人物の設定の仕方をとらえ、内容の理解に役立てること。

ウ　文章を読み比べるなどして、構成や展開、表現の仕方について評価すること。

エ　文章を読んで人間、社会、自然などについて考え、自分の意見をもつこと。

オ　目的に応じて本や文章などを読み、知識を広げたり、自分の考えを深めたりすること。

(2)(1)に示す事項については、例えば、次のような言語活動を通して指導するものとする。

ア　物語や小説などを読んで批評すること。

イ　論説や報道などに盛り込まれた情報を比較して読むこと。

ウ　自分の読書生活を振り返り、本の選び方や読み方について考えること。

PISA型「読解力」を意識した文言が並んでいることが見てとれるが、それぞれ「ねらい」としては理解できないわけではない。しかし第1学年の指導事項に表れるように、あい変わらず、「文章に表れているものの見方や考え方」と「自分のものの見方や考え方」が素朴な形で分けられているところに、やはり問題を感じざるをえない。学習指導要領では、「説明的な文章」と「文学的な文章」が分類されて書かれていないので明確にならないが、仮に説明的な文章であったとしても、「文章に表れているものの見方や考え方」は、読むことによって現象するものであって、読者のコンテクストを離れて実体として存在しているわけではない。文学的な文章の場合はそのことがよりはっきりと現れると言えよう。いずれにしても「文章に表れているものの見方や考え方」が実体としてあって、そのうえに「知識や体験と関連付け」られるのではなく、「ものの見方や考え方」は、読まれる際に、知識や体験との関連で、〈わたしのなかの文脈〉として、現象するのである。ここに、「言語論的転回」をいかにくぐり抜けるかという問題がある。

しかしながら、そうかと言って、「ものの見方や考え方」は個々の読者の知識や体験によってのみ、決定されるわけではない。「ものの見方や考え方」（〈わたしのなかの文脈〉）は、文章を「読む」こと、あるいは「書く」ことの中で、つくり変えられていくものでもある。（つくり変えられ続けなければならない。）

その点、第3学年の言語活動例として、「ア　物語や小説などを読んで批評すること」があげられていることが注目される。これもおそらく「ＰＩＳＡショック」に対応し、「読解力向上プログラム」の上に立つ「クリティカル・リーディング」を行おうというねらいであろう。しかし、その内実は問われなければならない。

わたしは、ＰＩＳＡ型「読解力」の育成そのものは否定しない。また、「読解力向上プログラム」の言う、「解釈」「理解・評価」や「建設的に批判したりするような読み（クリティカル・リーディング）」の重要性も、理解はできる。「テキストを単に読むだけでなく、考える力と連動した形で読む力を高める取組」という言い方や、「書かれた情報を自らの知識や経験に位置づけて理解・評価（批判・仮定）する『熟考・評価』」など、「考える」「熟考」という言葉に込めた意味あいにも、注目したい。しかしながら、その「熟考・評価」はどちらかと言えば、その後に続く「単に『読む』だけではなく、テキストを利用したり、テキストに基づいて自分の意見を論じたりするなどの『活用』も含んでいること」という文脈に包摂されがちなのではないだろうか。「読解力向上プログラム」が、「また、学習指導要領国語では、言語の教育としての立場を重視し、特に文学的な文章の詳細な読解に偏りがちであった指導の在り方を改め、自分の考えを持ち論理的に意見を述べる能力、目的や場面などに応じて適切に表現する能力、目的に応じて的確に読み取る能力や読書に親しむ態度を育てることが重視されており、これらはPISA型『読解力』と相通ずるものがある」としていることも、このPISA型「読解力」を、基本的には、「実用的言語能力」の育成の文脈で、とらえていることがうかがわれる。そして、そのことは、PISA2003対応ワーキンググループの「読解力班」主査である有元秀文が、「わが国の国語教育は文学教育に主力が注がれ論理的思考や批判的読み、その基礎となる言語技術の指導は十分に行われてこなかった」(注11)のように、国語教育が「文学教育」に「偏重」してきたために、PISA型「読解力」に対応できないのではないか、という見方を表明していることと、一体になっていると言えよう。(注12)

しかしながら、問題の本質はPISA型「読解力」などよりも、さらにその先にある。自分が「解釈」「理解・評価」「批判」したと考える、その「解釈」「理解・評価」「批判」の内実が、自閉したものになってはいないか、ということこそが問われなければならないのではないだろうか。例えば、「理解」を例にあげれば、対象を理解したと思った瞬間、そこには、他者を自己化してとらえる〈わたしのなかの他者〉の問題が、つきまとう。「評価」や「批判」についても、同様のことが言えよう。その問題に切り込むためには、文学教育を忌避するのではなく、《他者》の問題を顕在化させ、自己の認識のありようを問うていくような、文学作品の教材価値を引き出していく「読み方」が模索されていかなければならないと思う。批評は自己批評との関連でとらえられなければならないのである。(注13)さらに言えば、学習指導要領では、「物語や小説などを読んで批評すること」は、中学三年になってはじめて言語活動例として現れるのだが、それはおそらく発達段階をふまえたものとして考えられている。しかしながら、現実のところは、批評は、読書行為そのものに必然的につきまとう営みである。「読むこと」はそれ自体批評であり、また自己批評でもあるという一元論に立つ必要がある。「読解力向上プログラム」の上に立つ「クリティカル・リーディング」は、依然として二元論的なのである。さらに言えば、ここでは「物語」と「小説」は分けて書かれているものの、その違いがどのように考えられているのかは、この文言からは不明である。「物語」と、「物語」を内包しつつ《他者》の問題を顕在化させる「近代小説」の違いについて考えることは、それぞれの〈価値〉を生かすうえでも、また「批評」という営みを成立させていくうえでも重要であろう。

一方、前節で論じた文化審議会答申を受けた流れも、新学習指導要領に位置づけられている。前述したように、文化審議会答申は、「情緒力」の「育成」のため、「文学」が「教育」において果たす役割に大きな期待を寄せていたが、そこでは、「文学」を「教養」として実体化し、また文学作品そのものも「実体」として、登場人物に感情移入を求めていくようなことが期待されていた。そのうち「読む力」については、「論理的・説明的な文章

（注）

11 有元秀文「ＰＩＳＡ調査で、なぜ日本の高校生の読解力は低いのか?」（『日本語学』二〇〇五・六）明治書院

12 章末注（77ページ）を参照。

13 章末注（78ページ）を参照。

において、的確に論理を読み取ることができる」「文学的な文章において、気持ちや感情を十分に読み取ることができる」「古典（古文、漢文）の文章に親しむことができる」（ここでは、音読や暗唱が重視されている　筆者注）とあるほか、特に「文学的な文章」については、「①様々な描写をとらえ、内容を的確に理解できる。②登場人物に感情移入し、その心情を理解できる。③比喩的、多義的、含意的な文章表現を読み味わうことができる。④書き手の思考や心情などに迫ることができる。」ということが重視されていた。

これらの文化審議会答申の指摘は、学習指導要領の、例えば小学校第5学年及び第6学年〔伝統的な言語文化と国語の特質に関する事項〕の「親しみやすい古文や漢文、近代以降の文語調の文章について、内容の大体を知り、音読すること」「古典について解説した文章を読み、昔の人のものの見方や感じ方を知ること」、中学校第2学年〔伝統的な言語文化と国語の特質に関する事項〕の「作品の特徴を生かして朗読するなどして、古典の世界を楽しむこと」「古典に表れたものの見方や考え方に触れ、登場人物や作者の思いなどを想像すること」、中学校〔指導計画の作成と内容の取扱い〕の「我が国の言語文化に親しむことができるよう、近代以降の代表的な作家の作品を、いずれかの学年で取り上げること」、などに反映されていると思われる。

文化審議会答申は、「近年の日本社会に見られる人心などの荒廃が、人間として持つべき感性・情緒を理解する力、すなわち、情緒力の欠如に起因する部分が大きいと考えられる」という分析のもとに作られたものであるから、「国際的な学力調査」に対応する「読解力向上プログラム」とはまた異なる目的で出されたものと言えるだろう。しかし、文学作品や登場人物を「実体」化して、〈わたしのなかの他者〉の問題を問うことがないという点では、共通しているのである。つまりそこでは、読むことが「登場人物や作者の思いなどを想像する」「我が国の言語文化に親しむ」ために「近代以降の代表的な作家の作品を…取り上げる」こととしてのみ語られ、読者が自分自身を読むこと、言い換えれば〈わたしのなかの他者・文脈〉の問題を問うことに、つながっていくことはないのである。換言すれば、そこでは〈読み手〉の問題、もしくは〈読み方〉の問題が捨象されているのである。

肝要なのは「言語文化」に「親しむ」のみならず、「読むこと」自体が言語文化の「創造」であるという観点なのである。

ＰＩＳＡ型「読解力」への対応や、また文化審議会答申にも見られていた「情緒」が問題にされることにある種の必然性も見たうえで、問題の焦点はその先にあることを、わたしたちは改めて自覚しなければならない。〈文学〉固有の教材価値を高く評価し、しかし、その教材価値は作品に自明のものとしてあるのではなく、「読み方」によってひらかれていくものとしてとらえる必要がある。一人一人の読み手の認識のありようを問い、〈文脈〉を掘り起こしていくことこそが、現在の国語教育の問題の核心だと、わたしは考える。（注14）まず、言語論的転回〈還元不可能な複数性〉の問題をくぐり抜け、言語は認識そのものであるという一元論に立つこと、そのうえで「第三項」という概念装置を介在させることで、価値相対主義を超えるための第二の「転回」を志向することが求められよう。〈読み〉の授業の問題として言えば、それは教室で〈語り〉をひらいていくことによって可能になる。そして、〈語り〉がひらかれる時、世界は新たに発見され、〈主体〉は、「これからの民主主義」を創造するものとして、問い直され、構築されていく。

つづくⅡで紹介する授業実践と考察は、そうした立場からのささやかな試みである。

（注）

14　章末注（79ページ）を参照。

第2章・章末注

注1

「学びからの逃走」は、佐藤学『「学び」から逃走する子どもたち』（岩波書店　二〇〇〇・一二）等でさまざまな観点から論じられている。なお、わたし自身は、この「学びからの逃走」問題の根底には、教材選択や教育方法、教育条件の問題のほかに、生徒が「自らの認識のありよう」を問う力をもてずにいる問題（わたしたち教育関係者が、育てられずにいる問題というべきかもしれない）があり、「文学の力」は「読み方」如何《いかん》によってその問題に切り込む可能性を有していると思う。詳細は、本書Ⅱ第3章の「井伏鱒二『山椒魚』の〈語り〉を読む」で論じている。

注4

「八十年代問題」については、第1章（25ページおよび注4）を参照されたい。須貝千里は、「エセ価値絶対主義」と「価値絶対主義」、「エセ価値相対主義」と「価値相対主義」を峻別して、「還元不可能な複数性」問題と対峙しているかどうかにその分岐点を置いているが、これも「八十年代問題」への向き合い方を問うているものと思われる。詳しくは、以下を参照されたい。

座談会「今日の『教育改革』と『読むこと』の新たな可能性」における須貝の発言

須貝千里「それを言ったらおしまいだ。―価値絶対主義と文学の力―」

（いずれも、田中実・須貝千里編『「これからの文学教育」のゆくえ』右文書院　二〇〇五・七）

注5

例えば、「個性と多様性の尊重」と、「生徒指導」や、「全員参加」の行事がもたらす「一体感」とは、本当に両立しうるのか。原理的に考えれば、そこにはめまいを感じるような難問が待ち受けている。

注6

「公共性」や「公共」という言葉は、近年、さまざまな文脈で用いられている。「公共性」という言葉そのものが争点になっていると言ってもよいだろう。その全体像について論じることはできないが、日本社会の中での用いられ方について、言及しておく必要を感じる。例えば、二〇〇六年一二月に成立した教育基本法では、「正義と責任、男女の平等、自他の敬愛と協力を重んずるとともに、公共の精神に基づき、主体的に社会の形成に参画し、その発展に寄与する態度を養うこと」のように用いられている。この内実は、それまでの議論の経過をふまえれば、「国や社会など『公共』に主体的に参画したり、共通の社会的なルールをつくり、それを遵守する義務を重んずる意識や態度を涵養《かんよう》することが大切」（中央教育審議会中間報告「新しい時代にふさわしい教育基本法と教育振興基本計画の在り方について」二〇〇二・一一）のように、「公共」を「国家・社会」とほとんど同様に用い、「ルール」と関連づけるものとして位置づけたものと言えよう。これは「公共」を「個」の上に置き、所与のものとしてとらえていくことを志向しており、大きな問題を感じざるをえない。

他方、「国家」という共同性に回収されないものとして「公共性」という概念を対置しようとする動きもある。これは、「国家・社会」をそのまま「公共性」とする動向に対抗するものである。すなわち、「閉じた領域をつくる」「共同体」に対して、「公共性」は、「誰もがアクセスしうる空間である」「共同体のように等質な価値に満たされた空間ではない」「何らかのアイデンティティが制覇する空間ではなく、差異を条件とする言説の空間である」「一元的・排他的な帰属（belonging）を求めない」（齋藤純一『公共性』岩波書店　二〇〇〇・五）のように、「空間」としての「公共性」を目ざすものである。いわゆる「市民的公共性」と呼ばれてきたものを発展させていこうとするものと言えよう。その観点自体は重要と思うが、「空間」としての「公共性」を確保しただけでは、〈共有されるべき価値〉を模索していくことはできないと、現在のわたしは考える。（わたしの言う〈共有されるべき価値〉の模索は、当然のことながら、「等質な価値」で「満たされ」ることとは異なる。）〈公共性〉を作り上げていく〈主体〉の〈倫理〉が問われなければならないのである。〈倫理〉とは行動のみならず、世界認識そのものにかかわる問題である。わたしがここで用いている〈公共性〉は、個と個が〈わたしのなかの他者〉の問題を超えていこうとする、つまり〈普遍的〉なもの（それはあらかじめ定められた「正しさ」とは異なる）への志向性の中で、模索され続けていくものとして理解していただければと思う。

なお、その際、言葉そのものの〈公共性〉をめぐる議論を避けて通れないと、考えるようになった。言葉の海の中に生まれ、言葉の内側にいるわたしたちは、言葉をとおしてでしか世界を見ることができない。第1章注8（45ページ）でもふれたように、「人間にとって世界は〈言語介在以後〉によって生じ」るのであり、「目に見え、耳に聞こえ、鼻に匂い、肌に触る、この世の出来事、森羅万象が〈言語介在以後〉初めて現象するのであって、その言語によって今度は世界が隠されてい」くのである。主体は言語の内部にしかないのであるからその判断は恣意的たらざるをえず、それを超えて（超えきれないのであるが）倫理的であろうとするにはどうすればよいのかという問いが生まれる。「第三項」を介在させるということは、言葉の〈公共性〉をめぐる問いの核心と思う。

そして「見えないものを見ようとする」文学教育の実践の中に、この問題が象徴的に表れてくると考える。詳細については、拙稿「第59回日本文学協会国語教育部会夏期研究集会基調報告　文学教育の転回と希望―ことばの〈公共性〉をめぐって―」（『日本文学　二〇〇七・一二』日本文学協会）を参照いただければ幸いである。

注10

「活用」は新学習指導要領の中でも鍵語であるが、そのねらいは基本的にＰＩＳＡ型「読解力」への対応に封じ込められているように見える。そのことは、中央教育審議会教育課程部会の中で重要なタームとされていた「探究」という言葉が、新学習指導要領では消えていることともつながっているように思われる。「探究」という言葉は、中央教育審議会教育課程部会「第3期教育課程部会の審議の状況について」（二〇〇七・一・二六）の中で、次のように述べられていた。

○　基礎的・基本的な知識・技能の育成（いわゆる習得型の教育）と自ら学び自ら考える力の育成（いわゆる探究型の教育）とは、対立的あるいは二者択一的にとらえるべきものではなく、この両方を総合的に育成する具体的な方策を示すことが必要である。このため、いわば活用型の教育ともいうべき学習を両者の間に位置付ける方向で検討を進めている。

○　すなわち、①基礎的・基本的な知識・技能を確実に定着させることを基本とする。②こうした理解・定着を基礎として、知識・技能を実際に活用する力の育成を重視する。さらに、③この活用する力を基礎として、実際に課題を探究する活動を行うことで、自ら学び自ら考える力を高めることが必要である。このような過程を各教科等に即して具体的に検討している。

ここでは「探究型」「探究」という言葉が用いられている。ここで言う「探究」は、この文脈だけではあいまいなものの、「活用する力を基礎として、実際に課題を探究する活動を行うことで、自ら学び自ら考える力を高める」というように用いられ、「活用」よりもより高次の活動とされているようにも見える。このことを国語科の領域において実践者の側の文脈に引きつけて生かせば、「言語文化の探究」あるいは「言語文化を探究する主体の育成」ととらえることも可能なのではないかと、若干期待もしていた。

しかしながら、二〇〇八年の中央教育審議会答申「幼稚園、小学校、中学校、高等学校及び特別支援学校の学習指導要領の改善について」（二〇〇八・一・一七）では、「学力の重要な要素は、①基礎的・基本的な知識・技能の習得、②知識・技能を活用して課題を解決するために必要な思考力・判断力・表現力等、③学習意欲、であることを示した。そこで示された教育の基本理念は、現行学習指導要領が重視している『生きる力』の育成にほかならない」（5(1)）とされたのである。

これを読むかぎり、「探究」という言葉はこの「学力の重要な要素」の中にはない。「探究」という言葉が見られるのは、「5(4)　思考力・判断力・表現力等の育成」の項で、「まず、各教科の指導の中で、基礎的・基本的な知識・技能の習得とともに、観察・実験やレポートの作成、論述といったそれぞれの教科の知識・技能を活用する学習活動を充実させることを重視する必要がある。各教科におけるこのような取組があってこそ総合的な学習の時間における教科等を横断した課題解決的な学習や探究的な活動も充実するし、各教科の知識・技能の確実な定着にも結び付く。このように、各教科での習得や活用と総合的な学習の時間を中心とした探究は、決して一つの方向で進むだけではなく、例えば、知識・技能の活用や探究がその習得を促進するなど、相互に関連し合って力を伸ばしていくものである」という箇所である。

ここには、二つの問題があると考える。

一つは、「各教科での習得や活用」と「総合的な学習の時間を中心とした探究」という区分けである。これでは、それぞれの教科における「探究」、例えば「言語文化の探究」は位置づけられない。「探究」という言葉は、そもそもは教科横断的なものとしてのみ考えられていたのではなく、国語科の中でも、例えば「多様な情報を活用し、互いの立場や考えを尊重しながら言葉で伝え合ったりする体験や、論理的な思考に基づいて豊かに自己を表現しながらまとまった課題を探究する力の育成を重視し、それぞれの能力の育成の有機的な関連を図るようにする」（中央教育審議会教育課程部会国語専門部会「国語科の現状と課題、改善の方向性（検討素案）」二〇〇七・七・二三）などのように、位置づけられていたはずである。もっとも、『習得・活用・探究の授業をつくる—PISA型「読解力」を核としたカリキュラム・マネジメント』（横浜国立大学教育人間科学部附属横浜中学校編　三省堂　二〇〇八・三）といった本も出されており、あるいは学習指導要領の文言には入っていなくても、PISA型「読解力」との関連での「探究」は重視されるのかもしれない。しかし、それにしても、新学習指導要領にはこれまでの議論がどう反映されているのかが見えにくい。

こうした見方に対して、「各教科等の指導に当たっては、体験的な学習や基礎的・基本的な知識及び技能を活用した問題解決的な学習を重視するとともに、児童の興味・関心を生かし、自主的、自発的な学習が促されるよう工夫すること」（小学校学習指導要領　総則　第4　2⑵）等の文言の中に、「探究」は言い換えられているのだと言う向きもあるだろう。しかしそれならば第二の問題として、「問題解決的な学習」と「探究」を同じ概念でとらえてしまってよいか、ということを考えなければならない。そもそも果てがないものとしての「探究」と、「問題解決」では、意味合いが異なるであろう。

これらの問題は、さらにさかのぼれば、「習得・活用・探究」という言葉が議論されていた時から、「探究」が「活用」に引っ張られ、もっぱらPISA型「読解力」との関連で議論されたことによって、「探究」という言葉が本来もっていたはずの可能性を浮上させられなかったと考えるべきなのかもしれない。

ではわたしにとっての「探究」とはどのようなイメージかときかれるだろう。中学国語教科書『伝え合う言葉　中学国語3』（教育出版）に、池田晶子の『言葉の力』という教材がある。この教材では、「言葉の不思議とは、意味の不思議だ。言葉の意味は、いつ、どこで、だれが決めたのでもない。」「人間が言葉を話しているのではない。言葉が人間によって話しているのだ。生涯に一度でも、この逆転した視点から、自分と宇宙を眺めてみるといい。人生とは言葉そのものなのだと、人は必ず気がつくはずなのだ。」等、「言語の起源」とその「不思議」を問うており、教師が自らの既知の枠組みで一方的に教えることは絶対に不可能である。「言語論的転回」の問題を、生徒とともに「探究」するしかない教材であり、魅力もそこにある。

さらに、本書Ⅱで紹介する小説の授業の実践は、小説にア・プリオリに教材価値があると考えるのではなく、読むことの〈価値〉を生徒とともにひらいていくという意味において、またそれは第1章で論じた「青天井」「底なし」の過程であるという意味において、「言語文化」の探究そのものと考えている。

ただし、これらのことは新学習指導要領に「探究」という言葉が入らなかったから「探究的な学び」が不可能になるということでは、もちろんない。教師の考え方と「構え」次第で、実践はいくらでも可能である。そのために、「言語論的転回」をまっとうにくぐり抜けることが肝要である。学習指導要領も、文化審議会答申も、「読解力向上プログラム」も、「還元不可能な複数性」の問題と対峙していないという点では、同じ問題をもっているのである。

注12

しかしこのことに関しては、反論も存在する。例えば鶴田清司は、「OECD国際学習到達度調査の結果をどう見るか(その3)」(『教育科学国語教育 二〇〇六・七』明治図書出版)の中で、有元秀文の指摘に大筋では賛同しつつも、「言語技術教育としての文学教材の指導」の立場から、「文学作品ばかり読んでいるからPISAの問題に答えられないのではない」「単なる図表や実用文などの解釈よりも、さまざまな文脈や状況のもとで複雑かつ豊かに構成・表現されている文学テキストの方が深い思考力や認識力を見るのには適しているとも言える」と論じている。「読み方、授業のあり方が問題」という鶴田の指摘には共感する。しかし、その「読み方」を重んずるわたし自身の立場は、これまで述べてきたように、「言語技術教育」の重要性を理解しつつも、文学作品の教材価値の核心はさらにその先、自己の認識のありよう〈わたしのなかの他者〉の問題を問うこと、「〈語り〉を読む」ことが、「自己の内奥深く降り続けていく」ことにつながっていくことにあると考える。

注13

なお、この問題について別の角度から論じている文学研究者として石原千秋がいる。石原は、『国語教科書の思想』（ちくま新書　二〇〇五・一〇）で、「ＰＩＳＡの『読解力』試験が求めているのは、他人を遠慮なく批評し（《批評》は単なる『批判』でもないし、『非難』でもない）、常に他人とは違った意見を言うことができる個性なのである。日本のような『みんなと同じ』であることに価値を見出すような横並び社会は、もう世界では通用しないのだ」と述べている。前半部分の「ＰＩＳＡの『読解力』試験が求めているのは……個性なのである」ということについての石原の分析は、おそらくそのとおりだろう。しかし、「常に他人とは違った意見を言うことができる個性」ということだけで、本当によいのだろうか。「日本のような『みんなと同じ』であることに価値を見出すような横並び社会」の問題性はよくわかるが、それならば「違った意見」を出せればそれでよいのか、疑問に思う。もちろん、石原は「言いっぱなし」を認めているわけではない。「文学的文章をできる限り『批評』的に読み、自分の『読み』をきちんと記述できるような能力を育てる『文学』という科目を立ち上げ」、「この場合の『批評』とは、テクストから根拠を引き出すことのできる『読み』や、自分の用いた枠組について言及できるような『読み』のことであって、根拠のない意見や感想のことではない」とし、「知的なコミュニケーション」の必要性を、強調することを忘れない。しかしながら、「テクスト」概念は、本論でも述べたように、「還元不可能な複数性」のレベルで考察されなければその本来の生命力を発揮することはできず、「テクストから根拠を引き出す」という石原の言い方では、「読みの根拠」の問題に迫ることはできないし、それを正面から問う児童・生徒たちの声にこたえられないとわたしは考える。石原はさらに、教材の選定と授業のあり方について、「少なくとも二通りには読めるような小説教材を選」び、「その上で、二通りに読める技術を教えること」と提起している。それを支えている石原の「思想」は、「個性尊重の教育とはすなわち多様性を尊重する教育のことだが、それには子供が他人とは異なった読み方をすることに価値があるということを身をもって学ばなければならない」というものである。しかし、それだけならば、やはり先述した「個性と多様性」の原理の反復にしかすぎない。問題はやはりその先、自分の〈読み〉を読むこと、自分の認識の「枠組」それ自体を問い直していくことではないだろうか。批評が自己批評（自己を問うこと）に転じていくとは、そういうことである。別の言い方をすれば、「多様な読み方をすることに価値がある」というよりも、「多様な読み方」を前提としたうえで、その中からどのようにお互いに共感しうる、〈共有されるべき価値〉を模索していくことができるか、ということではないだろうか。（誤解のないように述べておくが、〈価値〉はア・プリオリに存在しているわけではないし、しかもただ一つしかないと言っているわけではない。）もちろん、このことは児童・生徒たちだけの問題ではなく、わたしたち教師自身がいかに生きていくかという問題として、引き受けなければならないと考えている。

注14

わたしの考えでは、「これからの民主主義」を担う〈主体〉の構築と、〈文脈〉を掘り起こすことは一体である。例えば精神科医の斎藤環は、「『空気』より『文脈』を読め」（「毎日新聞」二〇〇八年一月一三日）と言う。斎藤は二〇〇七年の流行語大賞になった「ＫＹ」（空気読めない）を引き、「ＫＹ」という言葉が「状況にそぐわない言動で浮いてしまう人を『空気を読めない』などと揶揄《やゆ》するために用いられる」こと、今から三十年以上も前に出版された山本七平『「空気」の研究』に、「われわれの判断は常に論理的判断と空気的判断のダブルスタンダードであり、しばしば決断は後者、すなわち『空気が許さない』という判断にしたがう」と著されること、「その力が無根拠なまでに強力であることは、『妖怪』や『超能力』に比される」ことなどを重ねたうえで、さらに次のように述べている。

誰もが「空気」感染を免れ得ないこと。まずはその自覚が必要だ。そのうえで「空気」に対するメタ・ポジションを確保する必要がある。そのためには「これ以外ありえない」という判断の背景にある「文脈」を理解することだ。

斎藤環「『空気』より『文脈』を読め」より

斎藤が論じていることは、「空気を読めない」と周囲に思われることを怖れる生徒たちの、あるいはわたしたち大人のありようとも重なり、興味深い。「『空気』より『文脈』を読め」という言葉も、言い得て妙だと思う。しかし、斎藤の言う「メタ・ポジション」とは、いったいどのような内実を伴っているのだろうか。「空気」に対する「メタ・ポジション」と言っても、〈わたしのなかの他者〉の問題を超えようとする志向性をもたないかぎり、その「メタ」性を担保することはできない。「〈文脈〉を読む」を超えて『掘り起こす』ためには、了解不能の《他者》・「第三項」という概念装置が求められるのである。これまで論じてきたこととの関係で言えば、それは「言語論的転回」（還元不可能な複数性）の問題をふまえたうえでその「転回」を、「第三項」を想定することで「再転回」し、価値相対主義を超えていくことを目ざすことになる。なおこの問題については、拙著「教室でひらかれる〈語り〉—安部公房『公然の秘密』を読む—」（『日本文学　二〇〇九・三』日本文学協会）を参照していただければ幸いである。

付記

この章を執筆後の二〇〇九年三月、高等学校学習指導要領も改訂された。「基礎的・基本的な知識及び技能を確実に習得させ、これらを活用して課題を解決するために必要な思考力、判断力、表現力その他の能力をはぐくむ」という基本方向をもつことのほか、国語科（国語総合）では「A話すこと・聞くこと」「B書くこと」「C読むこと」の三領域と、新設された「伝統的な言語文化と国語の特質に関する事項」とで構成されていること、言語活動例がある種の強制力を伴ったものとして付与されていること等、当然のことではあるが、この節で論じた小・中学校の学習指導要領と同じ性格をもっている。ゆえに同様の問題が指摘できよう。

そのうえで、高等学校独自のものとしての大きな変更箇所は、「国語総合」を必履修科目とすること、「国語表現Ⅰ」「国語表現Ⅱ」を「国語表現」として一本化すること、「古典講読」「古典」を「古典A」「古典B」と再編成すること、「現代文」を「現代文A」「現代文B」に分けること、である。これまで「国語総合」「国語表現」を選択必履修としていたのに対し、「国語総合」を共通必履修としたところには、日本人としての共通教養を意識した文脈が読み取れる。

また「国語総合」では、「特に、文章や資料等を的確に理解し、論理的に考え、話したり書いたりする能力を育成することや、我が国の言語文化を享受し継承・発展させる態度の育成を通して、感性や情緒をはぐくむことを重視する」（中央教育審議会教育課程部会国語専門部会「国語科の現状と課題、改善の方向性（反映版）」二〇〇七・九・一一）ことがねらいとされている。ここにも、一方では「知識には国境がなく、グローバル化が一層進む」（中央教育審議会答申「我が国の高等教育の将来像」二〇〇五・一・二八）とされる「知識基盤社会」に対応しつつ、他方ではそのことがもたらす国家の同一性の危機を、日本人としてのアイデンティティを確保することで補完しようとする意図が透けて見える。また、「内容」においては、「言語活動」が「内容の取扱い」から「内容」に格上げされ、「文字、音声、画像などのメディアによって表現された情報」の読み取りや、「様々な文章を読み比べ、内容や表現の仕方について、感想を述べたり批評する文章を書いたりする」ことが求められ、ＰＩＳＡ型「読解力」を意識した内容が盛り込まれていることにも注意が必要である。「国語総合」のみならず、すべての科目にわたって、「討論、説明、創作、批評、編集」などの言語活動の充実がうたわれていることも、このことと関連しておさえておく必要があるだろう。小・中・高等学校を通じてすべてに言えることであるが、「知識・技能」の「習得と活用」が、「言語技術」として現場の中で無意識のうちに自己目的化されてしまえば、「読むこと」はいっそう断片化されてしまうことになるであろうし、他方では「伝統的な言語文化」という「文脈」が実体としてア・プリオリにあるかのような錯誤が生まれていく危険性もある。こうした二重の意味での文脈の切断に抗して、「〈文脈〉を掘り起こす」ことこそ、喫緊の課題と考える。

Ⅱ

近代小説の〈価値〉を生かす教材論、状況と切り結ぶ実践論を求めて

第1章　「〈語り〉を読む」ことと「自己を問う」こと
―芥川龍之介『蜘蛛の糸』の教材価値を再検討する―

1　「授業の商品化」という問題

日々の授業が、自動化された日常として続くのではなく、生徒・教師の双方にとって、何かが生み出されるような場になっていくためには、どうすればよいのか？　こうした問いはあるいは、あまりにもナイーブなものと思われるかもしれない。しかしながら、教師ならばだれでも、自分が授業をすることの意味を問うてみたことがあるのではないだろうか。また、生徒は、どれだけ一見さめた表情をしていても、心の底では、学びの意味をつかみたいと思っているのではないだろうか。

そうした中、かつてわたしは、どうすれば生徒をひきつけることができるかと、苦心した。それは、教育内容において生徒にとって「身近」と感じられるような内容を扱うことであったり、教材の導入の仕方を工夫することであったり、生徒が活発に発言できるような雰囲気をつくることであったりした。すべて、教師としての自らの権力性を疑い、一九九〇年代から盛んに指摘されるようになった「学びにおける生徒参加」の可能性を模索する、良心的な動機からである。だから、そのこと自体がまちがっているわけではない。しかし、その議論の文脈に陥穽《かんせい》はなかっただろうか。つまり、「教師が提示する授業の中身や方法が、生徒の真に求めるものになっていないから、授業に参加できない生徒が出てくるのであり、「一つ一つの授業が、生徒にとって本当にノレるものになっているか」が大切なのだという、一見ごく当然と思われる発想に、見逃されている問題はなかったか。わたしは、現在、そのように自問せずにはいられない。

Ⅰの第1章でも述べたことであるが、現在の勤務校である自由の森学園の創立当初作られた「教育の方針と特質」という文章には、「教育内容、教材選択」について、「自由の森学園は、学校で扱われるべき教材や知識を、単にそれが教える側の必要感のみで選択されるべきものだとはとらえておりません」と述べ、さらに「生徒たちが、そこで扱われる内容を自分の問題として捉えられるかどうか、それが生徒の内的な世界の広がりと深まりにとってどういう意味をもつか、ということ」を「視点にしている」と書かれている。この趣旨そのものはきわめて重要と現在でも思うが、上澄みだけで意識されてしまえば、逆に、「ノレるかどうか」という生徒の「実感」に教育内容や教材を限りなく合わせていく、という状況に流れていく要因にもなってしまう。また、「ノレるかどうか」ということは、あくまでも「一人一人の生徒にとって」という文脈でしか語りようがないから、それをどのように教育内容・教材に反映させていったらよいか、またそういう観点で教育内容や教材は果たして語りうるのかというのは、実は途方もない難問なのである。

文学教育の問題に即して言えば、わたし自身もかつて、「文学はムツカシイ」し「何のためにやっているかわからない（ノレない）」と生徒に思われることへの怖れから、「言葉遊び」や「文章表現」の授業に活路を見いだそうという意識にとらわれた。小説を扱っていても、「おもしろく」感じてほしいと思うあまりに、根拠をもたぬ生徒の読みをそのまま放置したことがある。「正解到達主義」に基づく「誘導」的な授業だと思われたくないために、自分自身の〈読み〉を示すことをためらったこともある。逆に、小説を「身近」に感じてもらうために、一つのテーマと思われるものに基づいて先に討論をしかけておいて、そのことに関係する教材として小説の読みの授業に入っていったこともある。昔、大学の文学科に身を置き、作品論の基礎を学んだわたしは、ともすれば作品を自己を語るための「道具」にしていくような、そのような方法に自身いらだちを抱えながら、一方で「ここは教育の場なのだから」と自分を納得させようとしていた。しかし、実はそれは一見生徒の学びを大切にしているようでいて、実は教育の場としてもふさわしくないものであった。

なぜならこれらはどれも、生徒の現状の認識にはたらきかけることはないという点で、共通する問題をもっているからである。「(ムツカシイ)文学」を避けて通ることはもちろんのこと、小説を「身近」に感じてもらうため、一つのテーマを先にしかけておく「誘導」＝「正解到達主義」も、生徒に「自由」に発言してもらい個々の読みを放置するだけのレベルでの「正解到達主義批判」も、生徒の認識のありようを問わないという点では同じである。そしてそれは、生徒を焦ってひきつけようとするあまりに、授業や教材が商品化されていくという問題、言葉が「市場の論理」に振り回されていくという問題につながっているのである。

2　座談会「文学と教育における公共性の問題」(「日本文学　03・8」)をめぐって

「日本文学　二〇〇三・八」に掲載された座談会「文学と教育における公共性の問題　―文学教育の根拠―」(注1)は、文学教育の「これまで」と「これから」を考察するうえで、きわめて大きな意義をもつものと思われる。そこで難波博孝は、「文学というものが新しい公共性を生み出す契機にもなる」「授業で言えばどのような授業が行われるのか、先生がその作品をどんなふうに取り上げ、その作品で何を語り何を教えようとしているのかが決定的」

と冒頭述べながら、「教材としては使えなければ価値はない」という話の根拠として、「文学だとハードルが今や高くなっちゃっているわけですよ。それは何故かというと学習者はもうあまり本に触れていないという現実が大きくあります。だったら語りの構造を『千と千尋の神隠し』でやったほうが……」と、発言している。難波が述べるところの「文学を教育の場面で使用するということ」が「新保守主義」に「近いような動きに加担するところから発話しているのではないかと思われてしまうような部分」があるという危惧は、わたしにも理解できるものではある。しかしながら、学習者の「ハードル」に合わせて教育内容を考えていくという発想が、「新保守主義」と同じく難波自身が批判する「新自由主義」に絡め取られていく危険性を孕《はら》んでいるのではないかという疑問をもった。ある教材が初め生徒に「ハードルが高い」と実感されるのは、よくあることである。しかし、その際、教師自身がその教材に〈価値〉を見いだしているならば、「身近に感じられない」という意識そのものを、授業の過程の中で生徒自ら問い直すことができるような授業構想を、発達段階もふまえたうえで、その教材をとおして考えることこそ大切なのではないだろうか。『千と千尋の神隠し』でどのように「語りの構造」に着目するのかは、詳しく述べられていないのでわからないが、「物語＋〈語り手〉の自己表出」という形式をもち、〈自己〉と〈他者〉の問題を浮上させる近・現代小説と、同じ位相で考えることはできないし、連続線上に論じられるものとも思えないのである。

学校教育の現場においても、特に高等学校においてはあい変わらず、教師から生徒への一方的な知識伝達型の授業が続けられる反面、他方では、生徒個々の実感を最重視する議論、あるいは実態も、広範に見られる。しかし、

（注）

1 章末注（145ページ）を参照。

その「実感」そのものが文化共同体の価値観（「新保守主義」と「新自由主義」が席巻している価値観）に絡め取られており、その中での差異にしか過ぎないという面をもつわけだから、そういう「個人の自由を最重視する」「リベラリズム」に依拠しても、〈公共性〉の問題は立ち上がってこないように思うのである。（この点については難波も、「ただ個の嗜好《しこう》に立ち返って議論することに意味があるとはとても思えません」と述べている。）

一方、「ことばは水や空気と同様に私たちにとって不可欠なものであって、これを社会が大切に管理し次の世代に引き継いでいくべき公共的な価値をもっているということを再認識する必要」があり、「重要なのはそうした社会共同体の基底にある暗黙の価値体系が、しばしば伝統という名で呼ばれるものと重なりあってくる」という松澤和宏の指摘（注2）を自分の問題として考えていくのは、並たいていのことではない。しかし、「継承すべきものは継承すべき能力のある者が継承していく」という松澤の一見「暴論」は、先述した「身近さ」「親しみやすさ」のみに流されがちなわたしたちの状況に切り込んでくる迫力をもっている。このような言い方をすると、あるいは、『声に出して読みたい日本語』（注3）などで齋藤孝が主張してきたような「名文」という考え方と同一視されるかもしれないが、そうではない。松澤も言うように、〈価値〉はア・プリオリにあるものではないし、問い直しは必要である。しかしながら、現状はむしろ〈価値〉の問い直し抜きに、生徒の「ムツカシイ」という声にひるんで、文学は「ハードルが高い」と切り捨ててしまっているのではないか。わたしの理解で言えば、教師が、〈公共的な価値〉をそこに見いだし、「継承すべきもの」と心底感じるものがあるならば、現状の生徒の意識を超えてそれを教材として用い、そのうえで、生徒の「継承すべき能力」を授業の中で保障できるように、教材研究や授業づくりに取り組むべきということになる。（もちろん、一つ一つの教材が「継承すべきものかどうか」という教師の側の問い直しや〈価値〉の再発見もふまえたうえでだが。）そうした「継承すべき能力」は、現状の自己の印象に基づいて、「この作品はおもしろくない（価値がない）」というようにすべてを自己を取り巻く世界の側の問題にして裁断しているうちは、身についていかないものである。あえて言えば、そのような世界に対する自閉したありようが、「個性」として錯覚され続け、そうした「個性」を尊重することが「リベラリズム」ととらえられていくのが、現在の状況ではないか。自己の認識のありようを問い、それを倒壊し続けていく連続運動をどのように学校という場に創出できるかが、求められているのではないだろうか。そこに文学の〈公共的な価値〉の問題と、「文学教育の根拠」が問われているように思うのである。

3 自己の認識のありようを問うために

では、具体的にどうすればよいのか。単純に文学を授業で扱えばよいかといえば、もちろんそうではない。ここに、文学教育の「これまで」と「これから」の問題がある。別の言い方をすれば、それは文学を読むことが、自分に鋭い「問い」となって突き刺さっていくような、〈文学教育〉をどのようにつくっていくかという問題でもある。

あるいは、それは今までも「多様な読み」の交流の中で、他者の読みを知り、自己の読みを問うという形で行われてきたと言われるかもしれない。しかし、問題はその「多様な読み」や「自己を問う」ことの内実にある。

（注）

2 章末注（145ページ）を参照。

3 齋藤孝『声に出して読みたい日本語』草思社 二〇〇一・九

小説を、主人公中心のあらすじで読み、感想を言い合うことが、「多様な読み」の交流と言えるのだろうか。それは、小説を文化共同体に閉じ込めたまま、物語としてのみ読み合うことにすぎない。そこでは、小説が自分を語るための道具となり、一見活発な意見が出され交流があるように見えても、実は、「聴き合う」ことはできていない。「自己の物語」を聞いてほしいという内なる声が氾濫し、一人一人は自閉したままである。そうした状況の中では、他者の言葉も、〈わたしのなかの他者〉（自己化された他者）として自己の都合のよいように回収されるか、あるいは関係ないものとして切り捨てられる。（そのことは、人間との関係だけでなく、作品との関係、自分を取り巻く世界との関係すべてに言える。）そこにあるのは、「対話」のように見える「独白」なのである。

　そこで重要になってくるのが、複数の登場人物とそれを語る〈機能としての語り手〉の相関を読むことである。なぜなら、この領域を読むことが、近代小説の教材価値、つまり《他者》の問題を顕在化させるからである。小説は、地の文と会話の文に分類され、会話は登場人物が語り、地の文は「語り手」が語ると一般には考えられている。しかし、田中実は、そうした考え方はヨーロッパのナラトロジー理論によるものであり、それはヨーロッパ文明においてはあてはまるのかもしれないが、八百万《やおよろず》の神々の国、つまり《神》なき風土の中で、自他未分を抱えた日本の文化や近代小説のつくりにおいてそのまま使用することは問題であると論じている。すなわち、「日本の近代小説の登場人物の裏には全て〈語り手〉が生きていて、他者の引用ではなく〈語り手〉の自意識に取り込まれている」「〈語り手〉が（登場人物の）Aを等身大に語ると、Bは語れなくなること、ここに近代小説の秘密、日本の文化土壌と《他者》の問題、すなわち〈わたしのなかの他者〉と了解不能の《他者》がある（かっこ内筆者注）」と論じるのである。[注4] その境界領域を読むことによって、作品世界に見いだされる〈わたしのなかの他者〉の問題が、読者自身の認識のありようの問題にはね返ってくる。言い換えれば、文学が自己を語る道具に化すのではなく、文学にいかに撃たれたかということが、中心に座る。同じように自己が語られるにしても、そこでは、文化共同体の価値観に絡め取られていた「自己」がどのように倒壊され、新たな〈自己〉が生み出されてきたかという過程が語られ合い、それを聴き合う中で、〈自己〉は問い続けられていく。（もちろん、「倒壊」したと思った瞬間それは〈わたしのなかの他者〉として了解されているのだが、それもまた問い続けられるものなのである。Ⅰの第1章第3節で論じた「青天井」「底なし」の問題を参照されたい。）教室において「読むことの倫理」を追究していく際の核心は、ここにあると考える。自閉した状況をお互いに超えていこうとする「夢の読者共同体」の中でこそ、自らの言葉を吟味し、なんとかして他者に届くものにしていこうという意志が生まれ、また他者の言葉との出会いの中でいかに自己をとらえ直そうとするかという、〈公共性〉の問題が浮上していくと考える。

4 『蜘蛛の糸』の研究史をめぐって

前節で述べた「これからの文学教育」のあり方を、『蜘蛛の糸』の〈読み〉をとおして具体的に考えてみたい。なお、本文の引用は、『蜘蛛の糸・杜子春』（新潮文庫　一九六八・一二）による。なお、傍線は筆者によるものである。

『蜘蛛の糸』は、三つの章から構成される。地獄にいる犍陀多《かんだた》が「蜘蛛の糸」をたぐりのぼり糸が「断《き》れ」て「暗の底」に落ちてしまう、という様子を描いた「二」を、極楽における御釈迦様や蓮《はす》の花の様子が語られる「一」と「三」とが挟む構造になっている。きわめてよく知られている作品であり、実践報告も多い。しかしながら、その実践

（注）

4 田中実「消えたコーヒーカップ」（「社会文学　二〇〇一・一二」不二出版）

は一方では、「犍陀多は自分だけ助かろうとしたから、蜘蛛の糸が断《き》れてしまった。自己中心はいけない」という道徳主義的な読み方に引っ張られ、他方ではそうした道徳主義的な読み方を脱構築しようと、「犍陀多のような立場になったら、自分でも同じようになるだろう、むしろ地獄でむせび苦しみ、そこから一生懸命になって抜け出そうとしている人間の行為の『一部始終をじっと見ていらっしゃ』った御釈迦様が、『悲しそうな御顔をなさりながら』『ぶらぶら』行ってしまうのは冷たい」という読みに流れているように思われる。しかし、犍陀多の自己中心性を非難する読みも、逆に犍陀多をかばい御釈迦様の問題点を指摘する読みも、どちらも「どのように語られているか」という問題に着目せず、読者が自分を問うことのない、傍観者的な読み方であるという点で、実は共通しているのである。では、読者の認識のありようを問い、作品を読むことが自分自身に鋭い「問い」をもたらしていくような授業をつくるためには、どうすればよいのだろうか。以下、先行研究を検討しつつ、〈語り手〉と登場人物の相関に着目した〈読み〉を模索してみたい。

■〈語り手〉は犍陀多をどう見ているか —糸はなぜ断《き》れたのか

総じて現状の『蜘蛛の糸』の読まれ方には、樋口佳子による自由の森学園での実践報告論文[注5]で紹介されているように、「犍陀多は、『悪事を働いた大泥棒』であり、それ相応の罰を受けるのは当然であろう。同時に、地獄の責め苦からぬけ出す事が出来るという嬉しさでいっぱいになるのも当然である」「そのような状況に自分を置いたら、それは共感できる事であり、犍陀多でなくとも同じ事をしたであろう」という傾向が強くなっているのではないだろうか。わたしが数年前、勤務校の中学校で見学した授業でも、初発の感想の段階からそのような感想を出す生徒たちが、少なくなかったように思う。太田正夫も、「カンダタは絶体絶命の境地に追いこまれた。そこで出た欲、それは本能的ともいうべきものである。悪人ならずとも生きたい人間は、そうなるような状況である。これは利己主義と呼ぶべきものではない」(注6)としている。

しかし、そのような読まれ方に問題はないだろうか。

確かに、何万里となくある地獄と極楽との間を、おそらくは半分近くまで必死にのぼってきた犍陀多の心情は理解できる。しかしここでわたしがまず問題にしたいのは、いわゆる「利己主義」の問題ではなく、「『こら、罪人ども。この蜘蛛の糸は己《おれ》のものだぞ。お前たちは一体誰《だれ》に尋《き》いて、のぼって来た。下りろ。下りろ』と喚《わめ》く(喚《わめ》けてしまう)犍陀多の心のありようである。「こら、罪人ども。この蜘蛛の糸は己のものだぞ」という、あたかも自分は罪人ではないかのような言葉は、他者を「蟻の行列のように」見下ろす一方で、自分自身を見つめることができない、そのような自我のあり方と結びついている。そこには、自分の言動や心のありようを凝視していく倫理へのベクトルはなく、ただただ「上へ」という、上昇志向があるだけである。「折角ここへまでのぼって来たこの肝腎な自分」という犍陀多の心の内の言葉は、近代の自我のあり方を示して、特徴的であるように思える。しかも、それは、犍陀多だけでなく、ほかの「上へ上へ一心によじのぼって来る」「数限《かずかぎり》もない罪人たち」に、おそらく共通する問題なのである。(あるいはそれは、一人一人の人間にまつわる問題であると同時に、他のアジア諸国を踏みつけにしてはい上がろうとしてきた、近代日本全体の姿をも想起させるかもしれない。)前

(注)

5 樋口佳子「芥川龍之介『蜘蛛の糸』の『ブラブラ』を読む ―道徳教材化を拒む作品の文体について―」(『日本文学』一九九三・八」日本文学協会)

6 太田正夫「芥川竜之介『くもの糸』の再評価 ―違和感の文学とメルヘンについての文学教育―」(太田正夫『新版 想像力と文学教育』創樹社 一九八七・六)

述したように、「小説は『物語＋〈語り手〉の自己表出』であり、会話にも〈語り手〉が自己表出している。『物語』とは一つ世界であり、会話の文にも〈語り手〉は隠れ、『物語』を進行させている」（注7）と考えれば、犍陀多にこのように直接話法で語らせること自体、〈語り手〉の自己表出、ここでは犍陀多に対する批評がその奥に隠されていると読むこともできるのではないだろうか。そして、犍陀多が喚《わめ》いた「その途端」、「今まで何ともなかった蜘蛛の糸が、急に犍陀多のぶら下《さが》っている所から、ぷつりと音を立てて断《き》れ」るのである。〈語り手〉は、ここでは糸が「断きれ」た理由をどのように考えているかを明示はしないが、ほのめかしてはいる。さらに、続く「三」の場面の次の部分を読むと、〈語り手〉が犍陀多の行為をどのようにとらえているかは、いっそう明らかになるのである。

　自分ばかり地獄からぬけ出そうとする、犍陀多の無慈悲な心が、そうしてその心相当な罰《ばち》をうけて、元の地獄へ落ちてしまったのが、御釈迦様の御目から見ると、浅ましく思召《おぼしめ》されたのでございましょう。

〈語り手〉も、糸が「断《き》れ」、犍陀多が「元の地獄へ落ちてしまった」ことの理由を、「無慈悲な心が、そうしてその心相当な罰をうけ」たことによるものと、とらえているようにわたしには読める。（ただし、それを〈語り手〉自身が「浅ましく」思っているわけではない。「御釈迦様の御目から見ると」「浅ましく思召されたのでございましょう」と、〈語り手〉が、御釈迦様の心を、推測しているのである。その点、犍陀多についての御釈迦様の見方と、〈語り手〉の見方は、ある差異をもったものとして、書き分けられている。）御釈迦様に対しての〈語り手〉の推測の意味するものについては後述するが、ここでは、〈語り手〉も犍陀多の問題点を批評していることに注目しておきたい。自己の立っている位置を問わずに、「『こら、罪人ども。……下りろ。下りろ』と喚《わめ》」けてしまう「無慈悲な心」が問題化されているのである。（なお、この一文は、研究史上も注目されてきた一文である。しかしながら、作者と〈語り手〉が混同され、芥川が犍陀多を批判しているという結論になったり、浅ましく思っている主体はだれかということについて、混乱してきたように思われる。）

■〈語り手〉は御釈迦様をどう見ているか―御釈迦様のどんな点が批評されているのか

御釈迦様の問題点を論じた先行研究は多い。例えば越智良二は、御釈迦様の「ぶらぶら」「ふと」という描写からその行為がきわめて偶然性に満ちた行為であり、原典とされるポール・ケーラスの『因果の小車』[注8]にあった犍陀多との対話が完全に削除されていることを指摘するとともに、「第三部に到っても（中略）『悲しさうな』顔はするものの、又、『ぶらぶら』と立ち去ってゆく。それは、深い悲しみに堪えているとするには緊張感を缺《か》く態度であ」るととらえている。[注9] さらに、樋口佳子は「地獄でむせび苦しみ、そこから一生懸命になってぬけ出そうとしている人間の行為の『一部始終をじっと見ていらっしゃ』った釈迦」が、「『悲しそうな御顔をなさりながら』何故『又ぶらぶら』と行ってしまうのか」、また、「相手と自分の間に一つの壁を作る」敬語が「多用」されていること、ここに、釈迦の「傍観者的慈善行為に対する芥川の批判の目」が読み取れることを重視しており、[注10] それは、犍陀多が自分勝手だったからいけないんだ、というだけの読みに生徒を導いていく「道徳主義化」を拒むという点で、その時点における一つの達成であり、個人的にも学ぶところが多かった。しかし、「芥川の批判の目」

（注）

7 注4に同じ。

8 ポール・ケーラス著　鈴木大拙訳「因果の小車」（『鈴木大拙全集〈第26巻〉』岩波書店　二〇〇一・一一）

9 越智良二「芥川童話の展開をめぐって」（「愛媛国文と教育21　一九八九・一二」愛媛大学教育学部国語国文学会）

10 注5に同じ。

を読むという点には、生身の作家の意図を読み取らせていくという問題性もあるように思う。つまり、それは登場人物を〈語り手〉との相関でとらえていくという観点が抜け落ちてしまうということでもある。そのため、犍陀多の問題点に対する分析が不足し、御釈迦様の「傍観者的慈善行為」と犍陀多の問題点をつなげて考える発想が欠けてしまっており、その点課題も残している。

一方で、越智良二は、犍陀多の悲劇を通じエゴイズムという作品の主題が浮上し、「作者芥川は、御釈迦様の眼を通して、それを『無慈悲な』『浅間し』いものとしてキッパリと否定している」とも指摘する。また、我々読者は「犍陀多を人間一般の代表と見做《みな》し乍《なが》らも、何処《どこ》かで完全に自己投影することはなく、半ばは極楽に在る御釈迦様と共に遠眺して」おり、「暗い否定的な作品とだけは見做さない」とも述べている。[注11]

酒井英行は、「糸を下ろす行為者としての御釈迦様と作者のテーマを語るための傀儡《かいらい》としての御釈迦様との二面性が、御釈迦様の慈悲深さと苛酷さとの二面性を招来している」とし、「自分ばかり地獄からぬけ出そうとする、犍陀多の無慈悲な心が、そうしてその心相当な罰《ばち》をうけて、元の地獄へ落ちてしまったのが、御釈迦様の御目から見ると、浅ましく思召《おぼしめ》されたのでございましょう」という箇所では、作者が、犍陀多救出のため「設定した御釈迦様を飛び越し、御釈迦様の心中を曲解することによって、テーマを露骨に語っている」としている。「『悲しさうな』顔をしていた御釈迦様は、作者が設定した慈悲深い御釈迦様の延長線上にいる」のにもかかわらず、「作者はテーマを語るのに急なあまりに、犍陀多の言動を『浅間しく』思った内面の表出と曲解した」というのである。そこから、犍陀多の言動を浅ましく思ったのはむしろ作者であり、「作者が糸を切ったのである」と述べている。[注12]

越智が言うように、御釈迦様の行為には、偶然性が感じられる。しかし、我々読者も、「半ばは極楽に在る御釈迦様と共に遠眺して」いるとすれば、そういう読み方では、読者自身の認識の問題を問うことにはなっていいかない。〈作品の力〉を生かす読み方と言えるだろうか。また、越智・酒井とも、第三部における御釈迦様を作者の意図を代弁するものとしてとらえているが、それも、作者と〈語り手〉を同一視しているところからくる読み方であり、そのことが、読者の立つ位置を問うことができない読みを招いているように思われるのである。

その後、〈語り手〉に着目した読みが次第に生まれてくる。例えば戸松泉は、「その実その恭しい釈迦への敬語表現による語り口の背後には、アイロニカルな語り手の視線が強く感じられるのである。語り手は釈迦を信頼していない」と、御釈迦様に対する〈語り〉の中に批評性を読んでいる。また、「極楽をも一つの相対世界と見る語り手の眼が現れている」ことも、指摘している。(注13) さらに石割透も、「他人の救済をも己の恣意に委ねる、勝手気ままな〈御釈迦様〉、そうした〈御釈迦様〉に対する強い不信感を早くも『蜘蛛の糸』の読者は抱かされる」「語り手の伝へる、〈犍陀多〉に目を注ぐ〈御釈迦様〉の態度に、強い恣意性が感じ取れる」「そうした〈御釈迦様〉の態度からは、虚無的で、デカダンスの匂いさえも強く感じられなくもない」と論じている。(注14) その流れをとらえ、木村小夜は、「既に幾度となく指摘されて来た釈迦についての問題点がこの物語の勧善懲悪性を根から揺るがせていることは明らか」(注15)としている。

（注）

11 注９に同じ。

12 酒井英行「『蜘蛛の糸』―糸を切ったのは誰か―」（酒井英行『芥川龍之介 作品《テキスト》の迷路《ラビリンス》』沖積舎 二〇〇七・九）

13 戸松泉「『蜘蛛の糸』の語り手」（『芥川龍之介第３号 特集「蜘蛛の糸」』洋々社 一九九四・二）

14 石割透「『蜘蛛の糸』〈この蜘蛛の糸は己のものだぞ。下りろ。下りろ。〉」（『芥川龍之介第３号 特集「蜘蛛の糸」』洋々社 一九九四・二）

15 木村小夜「芥川童話における〈因果〉再検討―『蜘蛛の糸』から『魔術』へ―」（「福井県立大学論集10 一九九七・二」福井県立大学）

わたし自身も戸松が論じるように、語り手は「釈迦を信頼していない」ことをさまざまな形で自己表出していると思う。さらに言えば、すでに指摘されてきた、「ぶらぶら」「ふと」などの御釈迦様の気まぐれをほのめかすような描写や、〈語り手〉によるよそよそしい「敬語の多用」のほかにも、この小説の中の「時間の経過」の問題があるように思う。〈語り手〉はまず極楽の状況を、「極楽は丁度朝なのでございましょう」と語るが、その時間設定は、「極楽ももう午《ひる》に近くなったのでございましょう」という末尾と対応し、重要な意味をもっているように思われる。極楽での時間経過は、〈語り手〉の目から見ると、およそ半日にしかすぎない。（人間世界の時制を用いていること自体が、極楽を相対化しているとも言えよう。）しかし、御釈迦様が「覗《のぞ》き眼鏡」でも見るように見下ろしている世界の中では、「地獄と極楽との間は、何万里となく」あるのであり、それを「血の池」が「暗《やみ》の底に何時《いつ》の間にかかくれ」るくらいまでのぼってきた犍陀多にとっては、気が遠くなるような時間が流れているのである。言ってみれば、作品の〈語り〉の構造が、極楽にいる御釈迦様の「傍観者性」を批評しているように思う。

　しかし、それだけではない。わたしはさらに、犍陀多の「無慈悲な心」を「浅ましく」思っているように見える御釈迦様も、実は「『こら、罪人ども。……下りろ。下りろ』」という犍陀多と同様に、自己の位置を問うことなく犍陀多を見下しているということを、〈語り手〉が深層レベルで批評しているように思う。ここが教材研究上の一つのポイントになるのではないだろうか。「自分ばかり地獄からぬけ出そうとする、犍陀多の無慈悲な心が、そうしてその心相当な罰《ばち》をうけて、元の地獄へ落ちてしまったのが、御釈迦様の御目から見ると、浅ましく思召《おぼしめ》されたのでございましょう」という一文は、御釈迦様が「悲しそうな御顔をなさりながら、又ぶらぶら御歩きになり始め」たことの理由として、〈語り手〉が推測するという形になっている。つまり、〈語り手〉は、御釈迦様の「悲しそうな御顔」の理由を、犍陀多の「無慈悲な心」の「浅まし」さにあると考えているわけである。逆に言えば、御釈迦様は犍陀多に対して、この極限状況の中にあっても「無慈悲な心」であってほしくないという思いをもっていたと、〈語り手〉は見ていることになる。しかし、その御釈迦様の思いとは、どういう「思い」であろうか。犍陀多の極限状況をもたらしたのは、ほかならぬ御釈迦様なのだが、この極限状況の中でも、犍陀多に対し「無慈悲な心」であってほしくないと思い、「一部始終をじっと見て」いる御釈迦様は、今まで見てきたように自分は傍観者的であり、それは自己の立っている位置を問うことがないという点で、犍陀多同様これまた決して〈倫理〉に向かっていくことがないと言えるのではないだろうか。（付言すれば、先にあげた酒井英行は、「犍陀多が『下りろ。下りろ。』と喚《わめ》かなかったならば、蜘蛛の糸は切れなかったはずだから、後から後から無数の罪人が糸を上って極楽に行くであろう。御釈迦様が救いの手を差し伸べるつもりのなかった罪人までが地獄を脱出して、地獄はからっぽになってしまうのだ」と述べている。(注16) 仮にそうだとすると、御釈迦様の傍観者性を保証するのは、犍陀多の無慈悲な心ではないか、ということになる。両者の問題は、お互いに補完し合っているということにもなるかもしれない。）先述したように、犍陀多についての御釈迦様の見方と〈語り手〉の見方は、「御釈迦様の御目から見ると」という言葉で、ある差異をもったものとして、書き分けられている。そのように考えていくと、〈語り手〉はある意味で、安全地帯から「覗き眼鏡」でも見るように犍陀多の一部始終を見、それを「浅ましく」思う御釈迦様と、自分の位置を問わずに、「こら、罪人ども」と言えてしまう犍陀多に、同様の問題を見ているのではないか、と思えてくるのである。（なお、この読み方は、あらかじめ犍陀多の問題性を〈語り手〉

（注）

16 注12に同じ。

がどのように見ているか、を読んでいないと成立しない。）それは、自己の立っている位置や自己の認識のありようを問わずに、周りの世界を裁断していくという心性、つまり犍陀多、御釈迦様に共通する〈わたしのなかの他者〉の問題を読むということなのである。

■極楽の「蓮池の蓮」にかかわる問題

しかしそのように見てきた時、ならば、犍陀多と御釈迦様に同様の問題を見て、それを批評する〈語り手〉自身の立っている位置はどうなっているのか、という「問い」が生まれてくるかもしれない。

そこで気になるのが、次の一文である。

　しかし極楽の蓮池の蓮は、少しもそんな事には頓着《とんじゃく》致しません。

「蓮池の蓮」についての言及は、これまでそれほど多くはない。しかし、先述した「語りの構造」に着目した戸松泉の論は、大きな意義をもっていると思われる。ただ、ある一つの事象に対して、わたしとは〈読み〉が異なる。それは、作品全体の〈読み〉の違いとして現れてくる。

戸松は、「『少しもそんな事には頓着致しません』という『極楽の蓮池の蓮』と、釈迦とは少しも違わないといわんばかりに、語り手は『お釈迦様の御足のまはり』でゆれる蓮の花へと眼を移していく。極楽では何ごともなかったかのように時間だけが経ったのである。ここには、極楽をも一つの相対世界と見る語り手の眼が現れている。[注17]」と指摘する。〈語り手〉が、「極楽をも一つの相対世界と見る」ということについては、異論がない。ただ、蓮と釈迦とは「少しも違わない」という読み方に、わたしは従えない。わたしは、ここでは本文中の「しかし」に着目したいのである。「しかし……蓮は、……そんな事には頓着致しません」なのであるから、「そんな事」に

「頓着」している者もいるわけである。「そんな事」とは、直前の「自分ばかり地獄からぬけ出そうとする、犍陀多の無慈悲な心が、そうしてその心相当な罰《ばち》をうけて、元の地獄へ落ちてしまった」ということであり、それを「浅ましく」思っている（ように見える）御釈迦様は、〈語り手〉には「頓着」しているように見えているのである。だから、ここでは、蓮と釈迦は、「少しも違わない」のではなく、「頓着」という言葉をキーワードとして、〈語り手〉によって対比的に描かれているように思われる。「犍陀多の無慈悲な心」が、「そうしてその心相当な罰をうけて、元の地獄へ落ちてしまった」ことを「浅ましく思召され」てしまうことが、御釈迦様の「頓着」なのであり、「蓮池の蓮」は、それと対照的な位置にある。

しかし、それればかりではない。表層のレベルにおいては、「頓着する御釈迦様」と「頓着しない蓮の花」の対比のように見えるが、その実、深層においては、「浅ましく思召され」ているように見えてしまう御釈迦様を批評することによって必然的に、実は自分自身も「頓着」してしまっていることになる〈語り手〉と「蓮の花」との対比にもなると思う。批評するということは、ある意味では「頓着」していることでもあるのだ。自己の立っている位置を問わずに、「こら、罪人ども」と言えてしまう犍陀多、そしてその犍陀多をこれまた自己の心性を問うことなく、傍観者的に「浅ましく思召され」ているように見える（頓着＝批評する）御釈迦様、その御釈迦様を批評することによって実は自分自身も頓着してしまうことになる〈語り手〉、という構造がそこにはある。しかし、〈語り手〉だけは「頓着」しない蓮の花に気づいていることによって、自分自身が立っている位置を問い直しているということができるのではないだろうか。もちろんこれは、「頓着」しない蓮の花を理想化してい

（注）

17 注13に同じ。

るということではない。「頓着」せずに生きるなどということは、ありえないだろう。「頓着」とは、生きて、人とかかわり、世界とかかわることによって、必然的に起こってくる欲望のようなものであるから。だから、このことは〈語り手〉が蓮の花のようになりたいと感じているなどということでもない。〈語り手〉にとって、蓮の花が「頓着」しない存在として見えてくるということが、犍陀多や御釈迦様とは異なり、批評が自らの問題に向かっていくことを表すものとして読めるのではないかということなのである。言い換えれば、〈語り手〉だけが、蓮の花が頓着していないように見ることによって、〈わたしのなかの他者〉の世界を超えていく可能性を示しているように思われるのである。[注18]

そのようにして読んでいくとき、最初にそれこそ「傍観者」的に、犍陀多や御釈迦様を裁断していた自分自身の位置を、わたしたちは問わずにはいられなくなるはずだ。〈語り〉を読むことが、わたしたち読者の認識の問題に反転し、自己を問い、自身の〈わたしのなかの他者〉の問題を撃つことにつながっていくのである。そこに、読むことの〈倫理〉を追求し、文学の〈公共的な価値〉を生かす道を求めていきたい。

5　生徒は〈読み〉を交歓する

以上の教材論は、正確には授業を終えてから、生徒の〈読み〉や既に発表した拙稿に対していただいた意見も含み込んで、考察したものである。ただし基本的には、授業を構想する段階で、上述したような問題意識と教材研究に基づいて、以下のような授業計画を立てており、それをもとに実践した。対象は高校一年生である。

1　一読のうえ、語句を調べ、よくわからないところを出す。（この時は、教師が読む。）この小説の「あらす

じ」をまとめ、疑問点や感想を出す。（1～2時）

2 犍陀多、御釈迦様と〈語り手〉との相関を、場面ごとに整理する。（3～6時）

3 蓮の花に言及する〈語り手〉に着目し、そのことの意味を考える。（7時）

4 「まとめの感想」を書く。（8時）

5 「まとめの感想」を交流し、教師の〈読み〉を示す。それをもとにさらに意見交換をする。（9～10時）

1・2時（1コマめ）[注19]

はじめに本文を通読し、あらすじをまとめて、最初の疑問・感想を書き出した。以下は、本時に生徒がまとめた「あらすじ」と「疑問・感想」の一部である。

なお、教材本文に用いたのは、『蜘蛛の糸・杜子春』（新潮文庫 一九六八・一一）所収のものである。生徒の発言の表記や、文章の引用もそれによっている。

生徒A

あらすじ 極楽にいた釈迦は下にいる一人の罪人のよいことをしたのを思い出して、地獄から救い出そうと考え、蜘蛛の糸を垂らした。そしてそれを一人の罪人がのぼりだした。しかしほかの罪人たちがのぼってくる

（注）

18 章末注（145ページ）を参照。

19 自由の森学園では、生徒の思考や発言の時間を保障するために、二時間続きで一コマとしている。

と無慈悲な心でほかの罪人に下りろと言ったせいで地獄に逆もどりした。

疑問・感想　なんか、せっかく糸を見つけてのぼれたのに、自分のことばかり考えてまた地獄に落ちるなんてばかっぽいと思った。自己中心的な人間だとこうなることもあるんだね。

生徒B

あらすじ　ある日、御釈迦様が極楽の蓮池のふちを散歩していてふと下の様子を見た。するとその地獄の底に犍陀多といういろいろ悪事をはたらいた男に眼がとまった。そして地獄のようすを見ながら犍陀多には蜘蛛を助けたことがあるのを思い出し、それだけよいことをしたのだからこの男を地獄から救ってあげようと考えた。そしてそばにあった蜘蛛の糸を地獄の底へ下ろした。そして犍陀多は糸をつかんでのぼり始めた。だが、後に何千となく他の罪人たちがついてきた。「この糸は己のものだ、下りろ」といった。その途端糸が切れて暗の底へ落ちていった。その一部始終をみていた御釈迦様は悲しそうな顔をして又ぶらぶら歩き始めた。

疑問・感想　漢字が多いなと思った。あとは、思いやりがないと自分も大変なことになるんだなって思った。

生徒C

あらすじ　極楽に御釈迦様がいて、悪人の中でも蜘蛛を助けたことのある男を地獄から助けてやろうと思った。ちょうど側に蜘蛛がいたので男のところに糸をたらした。男は気づいて、糸をつかんでのぼってきた。うしろから罪人たちがのぼってきて、男は「おちる」と思った。男は大声で「下りろ！」と言った。すると急に糸がきれて、男はおちた。御釈迦様は悲しそうな顔で歩き出した。

疑問・感想　この仏は人よりも蜘蛛のほうが大事なのかな？　と思った。人をたくさん殺してきた人でも蜘蛛を一匹助けるだけで地獄から出してくれるらしい。殺された人たちがかわいそうだ。地獄を出たいのはあたりまえなんだから男がした事は普通だと思う。この仏は実はこうなることを知っていて、楽しんでいたのでは？ と思った。イヤな仏だ。昔学校で読んだことあった気がするけど、ぜんぜん覚えてない。

Ａ・Ｂの感想はどちらも、犍陀多の自己中心性に対して問題意識をもち、逆にＣの感想は、御釈迦様の行動に対して嫌悪感をあらわにし、犍陀多に対しては「普通」と見ている。

『蜘蛛の糸』を登場人物の言動のみに注目して読んだ場合、どうしても一方では、犍陀多の自己中心性批判、他方では御釈迦様に冷酷さを見るということに流れていくように思われる。もちろんこれらの初発の感想そのものが、出発点として大切なのは言うまでもない。しかし先述したように、そのどちらも「どのように語られているか」という問題に着目せず、読者が自分を問いきれずにいるという傍観者性において、実は共通している。ここから、〈語り手〉と登場人物の相関を読み取っていくことが、まず第一の目標になる。

３・４時（２コマめ）

記録は、授業を録音したテープを、可能なかぎり再現したものである。「Ｔ」は教師の発問や発言、「Ｓ」は生徒の質問や発言をさす。傍線は、重要と思われるところに筆者がつけたものである。なお、自由の森学園では、生徒が発言したり、話し合ったりしながら授業を進めていく雰囲気を大切にし、授業中の生徒や教師の発言も日常的な話し言葉に近いものでなされている。また、生徒が教師を呼ぶ時は、「先生」ではなく「〇〇さん」のように名前で呼ぶことが多い。

それから高校一年生における初めての小説の授業ということで、生徒の発言と発言をつないでいき、「読者共同体」としての文化をつくるために、意識的に生徒の名前を出しながら、その意見を教室全体のものにしようとした。生徒のイニシャルが頻出しているのは、そのためである。（自由の森学園は現在、三年間クラス替えを行わないため、高校二年生以降はそれほど名前を出さなくても、お互いにわかり合うようになる。）

どの発言がどの生徒によるものかを示すために、発言数が多かったり何度も引用されたりする発言の話者については、できるだけ「S（K1）」「S（T2）」のように表示したが、同一生徒のすべての発言をそのような形で表示することはできなかったことをお断りしておきたい。（　）がない「S」の発言の中にも、表示されたイニシャルの生徒の発言がある程度含まれている。

まず、それぞれの生徒の初発の感想、疑問をプリントにまとめ、全体に紹介した。その後、教師の側から注目してほしいことも含めて、論点を五つに整理した。

Ⅰ　御釈迦様に対する疑問がだいぶ出ているが、それはどのような語られ方がそう感じさせるのか。

Ⅱ　犍陀多についてはどのように語られているか。

Ⅲ　なぜ、糸は断《き》れたのか。

Ⅳ　〈語り手〉は「蓮池の蓮」をどのように語っているか。

Ⅴ　この話全体をとおして、〈語り手〉はどんなことを語ろうとしているのだろうか。

入学してから初めての小説の授業ということで、〈語り手〉ということのつかみ方があるいは難しいかもしれないと思い、〈語り〉を読むことによって見えてくることを実感してもらうために、以下のような例を最初に示した。

〈語り手〉は「お話」を語る際に、さまざまな工夫をしている。その一つとして、犍陀多にとっては、地獄から極楽への距離は何万里もあり、犍陀多はそれをのぼっているのにもかかわらず、御釈迦様にとっては、たった朝から午《ひる》までの午前中にしかすぎないというふうに語られている。「御釈迦様はひまだった S(T1)」などの感想も出ていたが、そうした読み方は、この〈語り手〉の語り方から生まれているのではないか。こう注意を促してみたのである。〈語り〉〈語り手〉を読むという例としては、生徒によく響いていたように思われる。その後、自分たちでも〈語り手〉の工夫を見つけてみようということで、次のように呼びかけた。

T 今から「二」の場面のテープをかけるので、ここは〈語り手〉がちょっと工夫して書いているなと感じられるところを、探しながら読んでいってね。

場面二を読む。（初読の際は教師が読んだが、二回めからは朗読テープをかけた。）

T 何か気がついたことありますか？ 御釈迦様の様子の語られ方とかで、気になったところがあれば、出してみて。

S ぶらぶら歩いているというのが、ひまそうな感じ。

T うん。みんなわかった？ 「ぶらぶら」というのが、この前「S(T1)」の言った「ひま」というのと関係ありそうだということだよね。ほかには？

S(T1) なんか、「ひま」とかいうのとはまた違うんだけれど、「出来るなら」というのが気になった。「出来るなら」というなら、できないならそれでもいいと思っているのかな、と思った。なんか、絶対助けてやろうというのだったら、決意みたいなものじゃないかと思うんだけれど……。できたら助けてやろうみたいな感じかなと思った。

S　蜘蛛を殺さなかったじゃん。蜘蛛を助けていたのを覚えていたのではなくて、思い出したと書いてあるじゃん。なんか、基本的に、この人にとっては犍陀多というのはどうでもいい人なのかなあと感じた。

T　今、出てきたことみんなわかった？　鋭いよね。今、二つ大切なこと出てきたよね。一つは、「出来るなら」と「どうしても」は違うということだよね。そのあたりがどうも語り方としてあやしいと。それからもう一つは「御思い出しになりました」ね。「御思い出しになりました」は「覚えていた」とは違うということね。

S　うん。忘れていたほど小さいことっていう感じ。

T　御釈迦様にとってはそれほどたいしたことではなかったというイメージを出しているということね。ほかには何か気づいたことある？

S　……。

T　僕のほうから気になったことを一つ出したいのだけれど、御釈迦様の様子で「覗《のぞ》き眼鏡を見るように」というところで何か気になった人いない？

S　どこ？

T　七行め。「三途《さんず》の河や針の山の景色が、丁度覗き眼鏡を見るように……」というところ。

S　「覗き眼鏡」って何？

T　「覗き眼鏡」って、箱の中に何枚かの絵とかを入れておいて、それを動かしながら物語が見られるようになっているようなおもちゃのようなもの。からくりめがねともいうね。

S　なんか、「覗き眼鏡」そのものを知らなかったから、あんまり引っかからなかった。

S　そうそう。

T 問題は「覗き眼鏡を見るように」っていうところなんだけれど……。

S わかった。「覗き眼鏡」っていうのはそうすると暗い気持ちで見るものではなくて、楽しんで見るものじゃん。どこか楽しんでしまっているような感じがする。

T ほかにはどうだろう?

S なんか、その「覗き眼鏡」っていうのが、「ひま」とつながるような気がする。

T それはどういうこと?

S 特にほかにやることもないから、こんな感じになっちゃうのかなって。

S 今、話し合ってたんだけど、御釈迦様はどういう体勢で見ていたのかなって……。

S ひまでいたから、ちらっと見てみたって感じだったんだけれど、もしかしたらうきうきしているような感じだったのかなって。

T なるほど。かなり一生懸命見ているのか、それともちらっと見たのかっていうことね。

S 「ふと」って書いてあるからね……。

T うん。その「ふと」に注目すると?

S 「ふと下の容子《ようす》を御覧になりました」っていうのは、たまたま見ると「あれっ」っていう感じなのかなって思ったんだけれど……。

S でも、そのあと「おおっ」ていう感じだよね。

T なるほど。最初はひまでぶらぶらしていたんだよね。それでふと、気がついてみると、「覗き眼鏡を見るよう」な感じで熱心に見るようになった。けれど、それはさっき「S(T1)」が言っていたように、熱心に見てはいるけれど、どうしても救い出そうと思って見ているわけでもないんだよね。「ふと」っていう言葉も大切かもしれないね。

S　あと、もう一つは、極楽のほうから見ると、「覗き眼鏡を見るよう」に全部見えるわけじゃん。でも、地獄の人たちのほうからすれば、自分が見られていることもわからないし、地獄のほうから極楽を見ることもできないんだよね。少し話がとぶんだけど。でも、そういう点でも、御釈迦様がずるいなあというふうに読める。

S　マジックミラーみたいな。（笑）

S（M1）　極楽と地獄の間には何万里もの距離があって、御釈迦様は地獄の様子がはっきりと見えるのに、地獄からは見えないじゃん。そこが気になる。

T　うしろのほうの人、聞こえますか？　いま「S（M1）」がいったのは、覗き眼鏡だから御釈迦様のほうから犍陀多や地獄の様子をのぞくことができるのだけれど……。

S　好き放題じゃん。

T　けれど犍陀多のほうからは見えない。不公平だということだよね。

S　不公平というよりはもっとなんか……、何万里もの距離があるのに極楽からは地獄が見えるじゃないですか、けれど地獄からは見られていることにも気づかない、そういうのも、時間の差みたいなものにつながるのかなって思ったんだけれど。

S　御釈迦様って一人なの？

S　極楽には御釈迦様しか住んでいないの？

S　極楽に来た人はいるのかなあ。御釈迦様と普通の人が同じところに住んでいるのかな。

S　地獄と極楽しかないというか、御釈迦様が極楽にいるのならもっと上の存在があってもいいような感じがするんだけれど。

S　でも御釈迦様がその極楽の支配者ではあるんだよね。（笑）

S　よいことをした人が極楽にいて、でも御釈迦様はその人たちと一緒ではなくて、何か特別な存在。

S　あとなんかね、極楽と地獄しかないっていうのがなんか気になって、それ以外のまん中っていうのはないのかな？

S　それが「いま、ここ」なんじゃないの？

S　ああ、そうかあ。

S　「いま、ここ」は見られていないのかな。この「覗き眼鏡」はいきなり地獄に達しているような感じ。

T　おもしろいね。

S　蜘蛛を助けたぐらいで行けるんだから、ほとんどの人は行けるのかな。

T　なるべく救い出してやろうというのはあるかもね。

S　そうなってくると極楽が人でいっぱいになってしまうかもしれないね。

S　極楽の中でもそうなると身分の差があるということになるね。

T　少なくとも糸を垂らすことができるようなのは、御釈迦様にしかできないことだろうね。

S　ぶらぶら歩いたりできるのも、御釈迦様にしかできないことかもしれない。御釈迦様エリアみたいな。（笑）

S　わたしが思ったのは、そういう特別な御釈迦様がひまだったから、糸を垂らしたという感じになっているじゃん。で、この場合は、犍陀多は再び地獄に落ちているけれど、もしかしたら助かった可能性もあるでしょ。で、そうなるとどんどんどんどん極楽の人数が増えてしまっていくでしょ。そうなると……。

T　そこは一つのポイントだね。

S　なんだかよくわからなかったんだけれど……。

T　それじゃあね、今出てきたことは、このあとの、「なぜ糸は断《き》れたのか?」や「犍陀多についてどう考えるか」ということとからんでくる話になってくると思うので、黒板に今まで出た意見のまとめだけしておいて、このあとの「二」の場面のテープを聞いたあとで、また話し合うということでいいですか?

S　はい。

　場面二を読む。（朗読テープをかける。）

T　はい。場面二のところを読みました。極楽が上だとしたら、下が地獄。極楽の蓮池に対応するものが、地獄では?

S　血の池。

T　そうだね。うまく書かれているね。で、ここでの問題は、犍陀多がのぼりだすことによってほかの罪人も蜘蛛の糸に気がついて、下から追ってくるように上がってこようとしているという構造なんだけれども、さっきの「S(M1)」の話を考えるためには、まず犍陀多について考えておく必要あるね。さっきの話、もう一回出してくれる?

S(M1)　言っていい?　御釈迦様はひまつぶしみたいな感じで蜘蛛の糸を垂らして、今度の場合は犍陀多は助からなかったわけだけれども、もしかしたら助かった可能性もあるわけでしょ。もし助かったとしたら、御釈迦様の勝手な判断で、極楽の人数がどんどん増えてしまうと思って、御釈迦様の独裁政治みたいなものになってしまうと思うの。御釈迦様一人だから、御釈迦様の独断と偏見でいろんなことが決まっていってしまう。

S　それは御釈迦様を増やせって言っているの？（笑）

S　それは無理。

S　でも御釈迦様の下には観音様とかいるはずだよね。

S　でも御釈迦様の勝手な判断で物事が進んでいるよね。

T　本来の仏教がどのような考え方で作られているかということと、この話の中で御釈迦様が〈語り手〉によってどう語られているか、〈語り手〉が御釈迦様をどう見ているかということは分けて考える必要があるよね。

S　なんかさあ、この話の中の御釈迦様は、人間っぽいよね。

S　うん。完璧ではないというか。

S　なんか思ったんだけれどさあ、変な人だよね。

T　「イヤな仏だ」って書いていた人もいるくらいだからね。

S　〈語り手〉はなんかすごく御釈迦様に対して敬語使っているじゃん。けれど御釈迦様の行動は、尊敬されるようには書かれていない。

S　わざと敬語使っているんじゃない？

T　それはどういうこと？

S　なんかいやみったらしく使っている……。

S　そうそうそうそう。

S　ああ、そうか。

T　例えば自由の森の中で、ふだん普通に話していた人が、いきなり「ああ、そうでいらっしゃったんですか」なんて言いだしたら、いやみったらしくなるんだよね。

S　うん。気持ち悪い。

T　つまり、「S(M1)」の言ったのは、敬語は〈語り手〉の御釈迦様に対する皮肉であるということね。それも書いておこうか。

S　っていうか齋藤さんって「皮肉もの」好きなの？（笑）

T　えっ、僕はどちらかというとそんな皮肉っぽい人間ではないと思うけれど……、わからないか。（笑）

S　高三でも「批評入門」ってやっているくらいだもんね。

T　うーん。皮肉とか批評っていうものは、どこかで隠されてしまっているもの……、真実を暴いていくようなところがあるとは思う。

S　なんか難しい言葉をたくさん使っているのも気になるんだけれど……。

T　それは敬語とは別の問題で？

S　そう。これ、いつごろ書かれたの？

T　大正時代に書かれたものなんだよね。

S　その時はこういう言葉、普通だったんだ。そのころ仏教って広まっていたのかな？

T　うーん。仏教がどうだったかは言えないけれど……。ここで一回話を「S(M1)」が言ったことに戻していいかな。「S(M1)」が言ったのは、犍陀多だって上がってこられた可能性があった、ほかの罪人にだってあった、そうなってくると御釈迦様の勝手な判断で、極楽の人数がやたらに増えてしまったかもしれない、そういうことだよね。で、その裏側にあるのは、じゃあなぜ、犍陀多は極楽までのぼれなかったのか、なぜ糸は断《き》れてしまったのか、ということを考えておかなければいけないと思うのだけれど……。

S　たとえ、犍陀多が「みんな一緒にのぼろう」なんてことを言ったとしても、御釈迦様が断《き》ったんじゃないのかな？

S　わたしちょっと思ったのは、何万里って書いてあるけれど、本当はそんなないんだと思うの。なんか、地獄から行ったら永遠にあるんじゃないのかなって思うの。極楽からの距離と地獄からの距離は違うというか。

S　上からは見えるのに、下からは見えないとかね。

S　実はつながっていないのではないかと。四次元というか……。犍陀多がいくらがんばっても極楽へはつながっていかない。

S　極楽から見ると、池をとおして見ているわけだから虫眼鏡を見るように近く感じるのだけれど、普通に見たらすごく遠い……、ちっちゃい。

S　なんだか、テレビみたいな……、テレビっていうと変なたとえみたいなんだけれど、テレビの画面があるじゃん、でいろいろ出てるじゃん。自分が見ているとすごく近いように感じるんだけれど、本当はすごく遠くにいるという感じ。

S　それからね、地獄から抜け出せるかもしれません、うまくいくと極楽に入ることも……、って言っているから、やっぱり中間地点がある感じ……。

S　地獄を抜けたところで極楽に入るとはかぎらないということね。

T　地獄は大変だもんね。針の山が光っているんだよね。だから地獄から抜け出せるだけでも、ずいぶんよくなる。けれども犍陀多はどんどん欲が出てくる……、犍陀多についてはどう思いますか？

S　犍陀多はよくのぼった。偉い。（笑）

S　でも、上から降ってきた蜘蛛の糸を見て、すぐに助かるって思ったのか、変に思う。どこだっけ？　地獄の責め苦に疲れ果てているんだったら、疑う心みたいなものも出てくるんじゃないかな？　これのぼってもだめなんじゃないかな、とか……。

S　蜘蛛の糸がきれいだったからじゃない？

S　でも針もきれいじゃない？（笑）

T　針きれいなの？（笑）

S　でも蜘蛛の糸は美しい銀色の糸って書いてあるからね。

T　別の視点からきくけれど、犍陀多の言葉についてはどうですか？「罪人ども。この蜘蛛の糸は己《おれ》のものだぞ。お前たちは一体誰《だれ》に尋《き》いて、のぼって来た。下りろ、下りろ」って言うのだけれど。

S　「誰に尋いて」っていうのは変だと思う。

S　おれにきちんとことわってからということ。

S　きっとことわってもだめだと思うよ。

S　そもそも犍陀多は、なぜ「己のもの」だと言えるのかがわからない。

S　犍陀多は「誰に尋いて」上がってきたのか、という話だよね。（笑）

T　それは鋭いつっこみだねえ。「己のものだぞ」っていう根拠はどこにあるのか、っていうことだよね。

S　それはやっぱり「人目にかかるのを恐れるように」下りてきたというところが、自分のために、自分以外の人には見つからないように下りてきたというふうに、犍陀多には見えたんだろうね。

S　でもそういうふうに考えたんだったら、御釈迦様と、いちおう心は通じ合っていたんだよね。（笑）

T　でもその通じ合い方は、なんか変だよね。

S　うん。

T　だって御釈迦様にとっては「出来るなら」だけれど、犍陀多にとっては「どうしても」になっているでしょ。

S　そうだよね。やっぱり御釈迦様にとっては遊びになってしまっている……。

T　時間が来てしまいました。犍陀多の言葉について考えるところが少し途中になってしまったので、次の時間は、〈語り手〉は犍陀多をどのように見ているか、それについてどう考えるか、というところを追っていきたいと思います。では、ここまでノートに写しておいてください。

5・6時（3コマめ）

T　今日は前回に引き続いて、「〈語り手〉は犍陀多をどのように見ているか」、また「糸はなぜ断《き》れたのか」について考えてみようと思います。「二」の場面の朗読テープをかけるので、考えながら読んでいってください。

中略

T　どうだろう？　犍陀多についてはどう考える？

S　犍陀多は単純だと思う。

T　どのあたりが単純なんだろう？

S　「しめた」とか。

T　ほかにはどう？

T（E1）　犍陀多は、そんなにほかの罪人がのぼってくるのが怖かったら、自分の足の下で蜘蛛の糸を断《き》ってしまったらよかったのに。（笑）

T　新しい解釈ですねえ。

S　齋藤さん、なんだか言葉をなくして立ちつくしているみたい……。

T　あまりにも予想を超えた意見だったので……（笑）、では、今の「S（E1）」の言ったことも含めて、何か意見はありませんか？

S　犍陀多は単純すぎて、あまり悪い人にも思えない。でもまぬけだよね。

T　「S（T3）」は愚か者だって書いていたよね。それに近いものがある。

S　そこまでは思わないけれど、まぬけだなって思う。

T　あまり悪い人にも思えないっていう意見が出たのだけれど、「S（K2）」はどう思う？

S（K2）　なんかさあ、あまり授業出ていなくて話の内容がまだよくわからないのだけど、（「S（K2）」は病気で入院していたため休みがちだった　筆者注）犍陀多っていう人はさあ、別に悪い人でもないし、いい人でもない、普通の人だと思うのね。それでね、人がのぼってきたじゃん。それで断《き》れると思って下りろって言ったんでしょ。だからみんなが言っているように単純な人間だと思う。

T　単純でよい人とも悪い人ともいえないような。「S（K2）」はそう思うのね。「S（A1）」はどう思う？

S（A1）　こんな人間が蜘蛛を助けたことが不思議。人間の命のことを考えない犍陀多がなんで蜘蛛一匹の命を助けたのか。

T なるほど。でも一回は殺そうとしたんだよね。殺そうとしたんだけれど、「いや、いや、これも小さいながら、命のあるものに違いない」と、むやみに殺しては「可哀《かわい》そうだ」と、思い返したんだよね。

S だから、すごく気分で動いている感じがする。

S その日は機嫌がよかっただけなんじゃない？

S あまり深く考えないで行動している。

T そう考えると、この間のみんなの意見で言うと、御釈迦様も気まぐれだけれど、犍陀多も気まぐれだということだよね。ほかに犍陀多について、何か考えたことある人はいませんか？　この間、途中になってしまったけれど、犍陀多が喚《わめ》いた言葉については、どう感じますか。

S（A１） この人はずうずうしい人だなって思う。

T ずうずうしい……。

S（A１） 下からはい上がってくる人に対して、「こら、罪人ども」って言ってるじゃん。自分自身も罪人なのにって思うし、そもそも、蜘蛛の糸が「己《おれ》のもの」だって思えること自体がおかしいと思う。

T なるほど、「こら、罪人ども」っていうのは自分自身は罪人でないかのような言い方だからずうずうしいと。今「S（A１）」が言ったことについてはどう思いますか。「S（T３）」はどう？　「S（T３）」も最初このことについて、感想で書いていたように思ったけれど。

S（T３） 自分勝手でわがままだと思う。

T 「S（K１）」はどう思う？　最初の感想では、今出てきたような意見とはまったく違うことを書いていたように思ったけれど、今ではどう？

S（K1）　普通の人だったら、犍陀多みたいな立場に追い込まれたら、やっぱり犍陀多みたいにするんじゃない？　それを自分勝手とかわがままとかいうのは、やっぱり違うと思う。

T　意見が割れているね。みんなどう思う？

S　「下りろ、下りろ」というのは言うかもしれないけれど、「この蜘蛛の糸は己のものだぞ」っていうのはやっぱり引っかかる。

T　「下りろ、下りろ」はだれでも言いそうだけれど、「こら、罪人ども。この蜘蛛の糸は己のものだぞ」って言うのはどうもおかしいと……。

S　御釈迦様は犍陀多を助けようとしたかもしれないけれど、犍陀多にはそんなことはわからないはずじゃない。だから、「己のものだぞ」っていうことはできないと思う。

T　なるほど。「S（K1）」どう思う？

S（K1）　その部分はわかる。

T　前半部分の「こら、罪人ども。……己のものだぞ」はおかしいと思うけれど、後半部分の「下りろ。下りろ」は言ってしまうと。みんなどうですか？

S　イヤなやつだとは思うけれど、なんか、あたしだったら、やりそう。言っちゃいそう。すごくイヤなやつだとは思うんだけれど、どこか自分と重ねているところがあって……、なんか、わたしだったら言いそうだなあと思って……。というか、その言葉というよりも、あせって、自分だけ助かりたいから、と思っちゃいそう。

T　ふだんはそういうことってあまり問題にならないのだけれどね、そういう極限状況になると、人間の良心が試されるっていうことがある。もう一度この小説の話に戻って言うとね、「S（T1）」が最初の感想で、実際に断《き》れたのは蜘蛛の糸ではなくて、犍陀多の良心の糸だったのだと思うって書いていたことに関連するのだけれどね。

S(M1) あのね、「この蜘蛛の糸は己のものだぞ」っていうところと関係あると思うんだけれどね、よくこの糸が蜘蛛の糸だなってわかったと思うの。この文からして、犍陀多が見たのはただ銀色の糸であって、それを犍陀多が蜘蛛の糸だと思うのは、昔自分が蜘蛛の命を奪わなかったことを思い出して、それでこれはその自分が命を奪わなかった蜘蛛の糸なのかなあと思って、それでのぼって、だから「この蜘蛛の糸は己のものだぞ」って言ったのかなって感じたのだけれど。己が助けた蜘蛛が、糸を垂らしてくれているのだから、己のものだぞって言っているのではないかと思う。

T うしろのほうの人、聞こえたかな。いま「S(M1)」が言ったことも含めて、もう少し意見を聞きたいのだけれど。「S(S1)」は、人間の浅はかさみたいなことを書いていたと思ったけれど……。

S(S1) 欲を目の前にした時に、人間がどんな行動をとるかということだと思う。欲を目の前にすると人間のとる行動はどうしても浅はかなものになってしまう、ということを言いたいのではないかな。

T 糸が断《き》れるということについてはどうかな?

S 糸が断《き》れたと言ったけれど、糸は御釈迦様が断《き》ったのではないかと思ったんだけれど……。

T それはどうしてそう思ったの?

S 最後のところで蜘蛛の糸は短く残っているでしょう。だとすれば、極楽に近いところで断《き》れたということだから、御釈迦様が断《き》ったのかなと。

T どこで断《き》れているのかということだよね。その前のところではどう書かれていたのだっけ。

S　六十三行めのところ。

T　「その途端でございます。今まで何ともなかった蜘蛛の糸が、急に犍陀多のぶら下《さが》っている所から、ぷつりと音を立てて断《き》れました」、あとは「短く垂れているばかり」……、というふうになっているね。

S　「中途」って書いてある。

T　そうだね。まん中ぐらいまでだね。そうなると断《き》れたところは、糸のまん中ぐらいのところでなければならない……、けれども最後のところでは糸は「短く垂れている」んだよね。

S　なんかわたしは、いくら小説でも、そんなに深く考えていないだろうというのがあって、この芥川さんは、そこまで深く考えているのだったらすごいなと思うし、けれども一方でそんなに考えていないだろうっていうのもあるの。

S　犍陀多はそうっとのぼっていたんだけれど、下から罪人たちがわんさかついてくるのを見て、喚《わめ》いてしまったとき、力が入ってしまったんだと思う。それで糸が断《き》れた……。

S(T2)　わたしが思ったのは、蜘蛛の糸は御釈迦様の気持ちみたいなものではないかと。御釈迦様は犍陀多をできるなら救おうと思っていたじゃん。けれど犍陀多が「下りろ。下りろ」みたいなことを言ってしまったので、「ああ、犍陀多がこんなことを言ってしまった」みたいな感じで、「あーあ」みたいな気持ちにたぶんなったんじゃないかと……、それでがっかりした……。

T　御釈迦様のほうの気持ちの糸が断《き》れてしまった……。

S　そうそうそう。

S　ならさあ、わざわざその人の目の前で断《き》らなくてもいいじゃん。イヤな仏だ。

Ｔ 「Ｓ（Ｔ１）」は犍陀多の良心の糸が断《き》れたといい、「Ｓ（Ｔ２）」は、御釈迦様のほうの気持ちの糸が断《き》れてしまった、と読んでいるわけね。

Ｓ 極楽の蜘蛛が糸をかけているのをとったんでしょう。蜘蛛が糸をこれ以上出せなくなったというふうにも考えられない？ 蜘蛛のほうの気持ちがもたなくなったとか。

Ｓ でもぷちっと断《き》れるということはその上にもあるということだから、蜘蛛自体は糸を出しているんじゃない？

Ｔ みんなの話を聞いていて、もう少し先の場面、「三」の場面も読んで話し合ったほうがよかったかなという気がしてきたんだけれど、「三」の場面で御釈迦様は「悲しそうな」顔をするんだよね。けれども悲しそうな顔をしたあとすぐにまた「ぶらぶら」歩きだしている。その「悲しそうな」顔はいったいなんなのかということと、今の「Ｓ（Ｔ２）」の話はかかわっているように感じたので、もう少し、先の部分、最後の九行をもう一度読んで考えましょう。

場面三を読む。（朗読テープをかける。）

Ｔ 「自分ばかり地獄からぬけ出そうとする、犍陀多の無慈悲な心が、そうしてその心相当な罰《ばち》をうけて、元の地獄へ落ちてしまったのが、御釈迦様の御目から見ると、浅ましく思召《おぼしめ》されたのでございましょう」と〈語り手〉は言っているね。そしてその御釈迦様の様子は最初は「悲しそう」に映るけれど、その後すぐにぶらぶら歩きだしている……。

Ｓ（Ｔ１） なんか二つ思ったんだけれど、御釈迦様は極楽にいるから、そんなふうに思えるんじゃないの？ っていう〈語り手〉の皮肉と、「自分ばかり地獄からぬけ出そうとする、犍陀多の無慈悲な心」とか言っているけれど、こういう結末を作った原因は糸を垂らした御釈迦様にあるのだから、ちょっと御釈迦様それでいいの？って思った。

T　今「S（T1）」が言ったのは御釈迦様に対する皮肉があるっていうことね。〈語り手〉の……。

S（T1）　うん。わたしが皮肉を感じた。まず、犍陀多から見れば、御釈迦様は極楽にいるからいいじゃないですか、犍陀多は地獄なんですけれど……、みたいなそんな感じがする。あんたはいいかもしれないけどさ……、という感じ。それに、あんたが蜘蛛の糸を下ろさなければそもそもこんな犍陀多の「無慈悲な心」は生まれてこなかったんだよ、みたいな皮肉も感じる。御釈迦様はやっぱり勝手。自分が蜘蛛の糸を垂らしておきながら、こういう結末になると、悲しそうな顔をするっていうのは、なんだっけ、あの言葉、不公平じゃあなくて……、不……。

T　不公平ではなくて……。

S（T1）　あるんだよ。ぴったりの言葉が……。

S　優柔不断？

S（T1）　違う。

T　フェアーでないという感じ。

S　不公平というか不条理というか……。

S（T1）　理不尽だ！

T　みごと。ぴったり言葉になったね。御釈迦様は理不尽であるという見方があるのではないかと。

S（M2）　あとね、「自分ばかり地獄からぬけ出そうとする、犍陀多の無慈悲な心」っていうけれど、御釈迦様には犍陀多のあとからついてくる何千、何万の罪人を助ける気持ちがあったの？　っていう感じがする。だって犍陀多を助けようとしたのもけっこう気まぐれなわけじゃん。そういう展開を見ても、自分に都合よく物事を考えているなという感じがする。

S　あれなんじゃん。もし犍陀多が極楽まで来られたらさあ……。（以下沈黙。）

T　今話になっていること、とても大切なことが出てきていると思うんだけれど。今「S（M２）」が言ったのは、もし犍陀多がこういう自分勝手なことを言わなかったら、罪人が全部極楽に上がってくるかもしれない。そういう状態、つまり極楽が罪人だらけになってしまう状態を、御釈迦様は覚悟していたのかどうか。あともう一つは、御釈迦様が糸を断《き》ったのか、それとも御釈迦様が断《き》ったのではなくて、何か別のもので断《き》れたのか。この二つの話が「S（M２）」と「S（T２）」の中には含まれているよね。その二つの点についてはどう思いますか？

S　そもそも御釈迦様は、「出来るなら」犍陀多を地獄から救い出そうと思っているけれど、それは地獄から引き上げてやろうと思ったのか、それとも極楽に連れてきてもいいと思っているのか不明だよね。

S　確かにそうだね。極楽にまで呼ぶことは考えていなかったのかも。

S　ちょっと違うことなんだけど、罪人たちのいるところは血の池なんだよね。これ、何の血なんだろう？

S　罪人たちが人殺しとかした血かな。

S　針の山とかに突かれて罪人たちが流す血なんだと思う。

S　罪人たちはそれでなんで死なないんだろう？

S　死ねないんだよ。だって地獄だもん。死んだら楽になるでしょ。

T　そうだね。そのように考えてよいと思うね。いったん話を戻して、「悲しそうな御顔」についてはどう？

S　御釈迦様は犍陀多をできるなら救い出してやろうとはしたわけじゃない？　けれども結局犍陀多は、大事な場面で自分勝手なことを言ってしまうでしょ。御釈迦様からすれば、自分の読みが甘かったというか、犍陀多を助けようと思った自分の気持ちに悲しくなってしまったのではないかと思った。

T　それじゃあ、御釈迦様はけっこう犍陀多に期待をしていた？

S　ちょっとは期待していたのではないかと思う。

T　蜘蛛を助けた良心が残っていて……、「S（T1）」が言っていたこととの関係で言うと、犍陀多の良心は断《き》れないだろうと……。

S　わたしはやっぱりねえ、犍陀多がいくらのぼっても、極楽になんかたどりつかないんじゃないかなって思うの。

T　そのことが御釈迦様にはわかっていたはずだと……、とすると期待というのも、そんなに期待していない？

S　みんなの話を聞いていて、御釈迦様をよい人とみるか、悪い人とみるかで、だいぶ変わってきてしまうのだと思った。わたしはやっぱりこの話の中の御釈迦様をあまりいい人に見られなくて、ふと見たら気になりだして、でちょっと注意していたら、ああやっぱりだめだったんだ、もう捨てた……、みたいな感じで。で、糸を断《き》ったのも御釈迦様で、断《き》る口実ができて断《き》ったという、なんか、最初から連れてくる気はあまりなかったのではないかという気がして、いざというとき良心があれば上がってきてもいいかな、ぐらいの気持ちでいて、自分勝手なことちょっとでも言ったら落としてしまおうと思っていて、ちょうど「下りろ」とか言ったからいい口実ができたということで断《き》って、それじゃあねという感じぐらいだと思う。

S　御釈迦様が御釈迦様ではなくなっている……。

S　でもちょっとショックじゃない？　御釈迦様がそこまでいいかげんだったら。

S 御釈迦様に問題を感じてなかったら、きっとこんな話書かなかったんじゃない？ だっておもしろみがないもん。

S なんかわたしはね、芥川さんは、御釈迦様はいい人とか悪い人とかいうんではなくて、御釈迦様だって人間くさいところがあるというふうに書きたかったのではないかと思った。

T なるほど。さっきの御釈迦様に対する皮肉というところの読み方だけれど、皮肉という見方もできるんだけれど、御釈迦様もそんな完璧な存在ではないという見方もできる。

S それも御釈迦様をどう見るかということによるんじゃない？ 御釈迦様をそもそも人間と同じような弱さをもつ存在として見ていればそんなにおかしくはないんだけれど、御釈迦様を御釈迦様としてきちんと見れば、御釈迦様にはこんなふうであってもらっては困るという皮肉と読めるよね。

S うちらは御釈迦様っていったら、常識としてどこか完璧な存在として思いこんでしまっているから、けれどもこの話は本当はどこかそういう見方に対しての疑問みたいなものになっている……。

S 芥川さんは、そういう「御釈迦様は偉い人」みたいにしていく教育がイヤだったんだよ。だからその教育を「くつがえす」ではないけれど、そういうためにこれを書いて、本当はこのまんま読んでほしかったんだけれど、国とかはそうは考えなくて、それではまずいと、道徳的ではないと判断し……。（以下沈黙。）

T 芥川龍之介がねらいとしたものとは違うような形で読まされてきたということね。「御釈迦様は偉い人だ」ということだけが先入観としてあれば、やっぱりこの話は、犍陀多だけが問題の話になっていきがちになる。いま「S（M2）」が言ったのは、御釈迦様は戦争中の「天皇陛下」みたいなものとしてとらえられてきたんじゃないかということね。

もうあまり時間がないから、少ししゃべるけれど、本当はずいぶんいろんな言葉が注意深く選ばれて使われてきているのだと思う。さっき「S（T1）」が言っていた、どこまで考えて作っているんだろうということと関係するんだけれど。例えば最初のほうで〈語り手〉が御釈迦様を描いていくとき、「ぶらぶら」とか、「ふと」とか「覗《のぞ》き眼鏡を見るように」とか、その〈語り方〉にみんなが意味を読み取っていったように、犍陀多についても工夫していると思うんだよね。例えば、さっきの「こら、罪人ども。この蜘蛛の糸は己《おれ》のものだぞ。お前たちは一体誰《だれ》に尋《き》いて、のぼって来た。下りろ。下りろ」のところだけれど、そのあと、「と喚《わめ》きました」と〈語り手〉は犍陀多を描いているよね。「喚《わめ》きました」と語るのと、「叫びました」と語るのとでは、だいぶ違う感じがするんだ。「叫びました」というより「喚《わめ》きました」のほうが、どこか犍陀多のみっともなさのようなものが浮かび上がってくるでしょ。そういう言葉の細かなところに注目していくと、いろんなことが見えてくるのではないかなと思っています。今日はここまで。次の時間は、この小説全体がどんなことを語ろうとしているのか、ということについて考えながら、まとめていきたいと思います。

7・8時（4コマめ）

T　できれば今日のいちばん最後に、授業の中で考えたことだとかをまとめて書いてほしいと思っています。これまで授業の中で考えてきたことを黒板にまとめていくので、それをもとにして、まだみんなの考えが出てくるようであれば、それをお互いに聴き合うことにしたいと思います。みんなの発言が出ないようであれば、僕がどんなふうに読んだかについても、少し話したい。そんなふうに進めていきたいのですが、いいですか？

S　いいです。

T　前回ずいぶんみんなで話したことを、全部録音テープで聞いてきて、みんな本当にいろんなことをしゃべっているので、どんなふうに論点を絞っていったら、みんなが考えやすいかなあといろいろ考えました。でも結局みんながいちばん問題にしているのは、「三」の場面の「自分ばかり地獄からぬけ出そうとする、犍陀多の無慈悲な心が、そうしてその心相当な罰《ばち》をうけて、元の地獄へ落ちてしまったのが、御釈迦様の御目から見ると、浅ましく思召《おぼしめ》されたのでございましょう。／しかし極楽の蓮池の蓮は、少しもそんな事には頓着《とんじゃく》致しません」と〈語り手〉が言っていること。そして前回みんなはそのことについて、大きく分けて二つのことを、感じているのね。

一つは、やっぱり犍陀多にも問題があるということ。犍陀多と同じような立場になったら、自分だって犍陀多と同じように「下りろ。下りろ」って言ってしまうかもしれないというのは、例えば「S(K1)」も言っているし、「S(T1)」も言っているのね。だから、簡単に犍陀多を否定できない。けれど一方で、「こら、罪人ども」とか「この蜘蛛の糸は己《おれ》のものだぞ」と言ってしまう犍陀多の感覚はなんかおかしい。厚かましいし、自分が罪人でないかのような言い方だと。そして、いろんな人が言っていたけれど、もしかしたら、そのことが糸の断《き》れる原因になっていたかもしれない。糸がどうして断《き》れたのかは、断《き》ったのは御釈迦様なのではないかとか、いや断《き》れたのだとか、さまざまな意見が出ていて、そこは一つにまとめなかったけれど、いずれにしても犍陀多の感覚に問題がありそうだと。それは、この〈語り手〉の語りの部分で言うと、「自分ばかり地獄からぬけ出そうとする、犍陀多の無慈悲な心が、そうしてその心相当な罰をうけて、元の地獄へ落ちてしまった」という部分になるよね。

ところが、おもしろかったのは、みんな、ここだけではなくて、その後の部分にも注目しているわけだよね。

「御釈迦様の御目から見ると、浅ましく思召されたのでございましょう」というふうに〈語り手〉は言っているんだけれど、この裏には、「犍陀多のことを御釈迦様は『浅ましい』と思っているようだけれど、犍陀多を『浅ましい』という資格のようなものがそもそも御釈迦様にあるのか」という気持ちがあるのではないか。そういう皮肉が込められている、皮肉を感じるということが、もうひとつ出てきていました。そもそも御釈迦様が気まぐれに糸を垂らしたことが、こういうことのきっかけを作っているのだという意見も出ていたね。

この二つのこれまでのまとめ方に対して、さらに言いたいことのある人はいますか？「S（M2）」はこの前、犍陀多がどれだけのぼったって極楽には行けそうもない話で、それを考えると御釈迦様の薄情さが出ていると言っていたよね。

S（M2） うん。

T 「S（M1）」はどうですか？

S（M1） 少し話がずれるかもしれないけれど、「しかし極楽の蓮池の蓮は……」っていうところから、無常さみたいなものを感じた。それは残酷さでもあると同時に一種の優しさのような……。

T みんな聞こえた？

S もう一回言ってくれる？

S（M1） その黒板の赤で囲った部分から、わたしは無常さみたいなものを感じたのね。で、それで、その残酷さの中にも、ある一種の優しさみたいなものもあるような……。

S なんか言いたいことはわかるんだけれど、無常はどこで優しさとつながるのかが、よくわからない……。

S なんかさあ、「頓着《とんじゃく》致しません」なんていうところは、ある残酷さ、無常さみたいなものが出ているじゃん。

でも、その頓着していない蓮が、極楽……、世間的に言うととてもいいイメージな所にあるものが、残酷な感じを出しているわけじゃん……。

S それがどう優しさとつながるの？

S ううん……。

T まず、蓮池の蓮は頓着していないというところに、「S(M1)」は注目しているわけね。で、頓着していないということは、残酷そうな感じもすると……。

S(M1) うん。犍陀多が地獄に落ちたとしても頓着していないということだから……。

T でも、そのあと、けれど……、っていうのが続くんだよね。そこのところもう少し言葉にできる？

S(M1) ちょっと……。

T わかった。じゃあ、もう少し考えていてもらおう。みんな、いま黒板に整理した〈語り手〉の言葉の、犍陀多の問題の指摘と、御釈迦様への皮肉のようなものについては、これでいちおうまとめておいていいですか？で、今「S(M1)」が言った「しかし」以降、「しかし極楽の蓮池の蓮は、少しもそんな事には頓着致しません」という一文がどんなことを語ろうとしているのか、ということ、これはまだやっていないよね。

S うん。

T じゃあ、このなぞめいた一文が何を物語っているのか、ということについて考えてみよう。一見この蓮池の蓮は残酷そう……、けれど、どこか優しい感じもする、と言っていたね。ほかにこの部分について、考えた人いますか？

S(S1) おれもねえ、最初読んだときから、この部分なんか気になっていたんだよね。なんかさ、少し話ずれるかもしれないけれど、犍陀多については、極限状態の中で人間の本性が見える……、せっぱつまった時に人間の本性が出てしまうんだけれど、本性見えてしまう人ってそれなりにせっぱつまった状況にある人なんだと思うんだけれど、そういう人と全然関係なく常にいる人がいるんだなって考えた。人っていうか、この場合でいうと蓮池の蓮なんだけれど、蓮っていうのは、そういうせっぱつまった状況の人とは関係なくて、常に存在しているっていう感じ。

S（T1） わたしは普通にそういうことふだんから考えていて、例えば夜一人の時とかさあ、あ、今どこかでだれかが生まれたなとか、だれか死んじゃったなあとか思うの。で、なんか、わたしにとってはそれは普通の時間なんだけれど、その人たちにとってはけっこう大きなできごとじゃん。それでなんか、わたしが生まれてきた時も、きっとそうだったんだろうなあって思って、そういう感じ。こうしているときにも人が死んだりさあ、生まれたりしているわけで……。

S 普通に、例えば世の中でも、交通事故とかで、一年間で何万人死んでいたりする……、一日三百人くらい死んでいるらしいんだよね。そういうのを全然関係なく、政府のお偉いさんは、過ごしているわけでしょう。頓着しないって例えばそういうこと？

S（T1） わたしがしたのはもう少しロマンチックな話だったんだけれど……。（笑）

T それはさあ、この文章の中の話に戻していくと、この〈語り手〉の文章で出てくる「しかし極楽の蓮池の蓮は、少しもそんな事には頓着致しません」っていう「そんな事」というのが、どんなことかっていうことだよね。これ、何をさしている？ 一つは「S（S1）」が言った、犍陀多が落ちたということ？

S 落ちて本性が見えてしまったということ。

T それが「S（S１）」がいちばん最初の感想で書いていた人間の浅はかさだよね。極限状態になってしまうと人間の本性とか浅はかさが見えてしまう……。でもこれだけかな？ この文章の中で「そんな事」がさしているもの、その中身は？

S（T２） なんかねえ、わたしが思ったのは、すべてのことだと思った。

T すべて？

S（T２） 御釈迦様も犍陀多もすべて含めてのことっていう感じ。

T 犍陀多のことは、今「S（S１）」が言ってくれたことでいいと思うけれど、いま「S（T２）」が言ってくれたことは、御釈迦様も含めてっていうのは、どういうこと？

S（T２） ええっ、どういうことなんだろう？

S なんか、わたしもすべてのことを含めて、「そんな事」って言われていると思うんだけれど。

S 「そんな事」って言っているくらいなんだから、蓮にとっては「そんな事」なんだよ。重大なことではなくて、「そんな事」なんだよ。たいしたことないんだよ。だから、〈語り手〉もそういう言い方してるんだよ。

T 〈語り手〉の判断でもあるということ？

S そうかもしれない。

S なんだか、この犍陀多がどうとか、御釈迦様がどうとかだけではなくて、この話自体がどうでもいいことなのかなあって……。

S（T１） なんかさあ、例えばわたしたちだって、だれかが落ち込んだりしている時に、その人にとっては重大なことなのかもしれないけれど、「そんなこと気にしないほうがいいよ」なんて、元気づけたりするじゃん。

慰めたり、元気づけたりするときの、「そんなこと」なのかなあと思って……、つまり蓮池の蓮が御釈迦様を元気づけているのかな、っていう感じ。

S　なんだか、今の「S(T1)」の話を聞いていて、蓮池の蓮が優雅に咲いているじゃん、枯れたらいやじゃん。さみしいというか。だから枯れないというのが蓮の役割なのではないかと……。御釈迦様が嫌な気分をしていたからといって、蓮の花に影響があるというのはなんか……。

T　御釈迦様が嫌な気分をしていたとしても、それも、「そんな事」だということね。

S　励ますような感じかな。一緒に落ち込んでいるわけにはいかないというか……。

S　第三者という立場を保ちたいという感じがする。だからできごとに対して気にしていないのかなという気がする。

S(T2)　わたしが思ったのは、〈語り手〉が、蓮の花を使って自分の気持ちを表そうとしているのかなあってこと。

T　それはどういうこと?

S(T2)　〈語り手〉の皮肉のようなものになるのかな……。

T　皮肉……。

S(T2)　うまく言えないけれど……。

S　気にしたくないなあという感じはあるよね。

S　御釈迦様に対する気持ちも出ているような気もする。御釈迦様に対する皮肉とか批評とか……。

T　それはどんな皮肉であったりどんな批評であったりするんだろう?

S(T2)　それは御釈迦様だけに対する皮肉とか批評のなのかなあ。世間に対する皮肉のようなもののような気もする。

T 御釈迦様に対するものだけではなくて、世間に対する皮肉がある……。

S 当時の世間全体。

S（T2） 当時っていうか、今もそうかもしれないんだけれど。

T おもしろいね。世間全体に対してのどんな批評であり、皮肉だろう？

S ううん、うまく言えないんだけれど、みんな同じ……、世間全体がそうなっている……。

T その場合の「みんな」っていうのは？ 「S（T2）」の言っていることはとてもよくわかるよ。で、この小説の場合では、それはどんな形で表れているのかな？

S 御釈迦様も犍陀多も、同じようなもの……、それが世間みたいなもの。

T うん。よくわかる。みんなどう？ もう少し言葉にしてみようよ。御釈迦様も犍陀多も、どんな点で共通して、どんな点で世間を表しているのかな？

S まだよくわからない。すっきり通っていかない。

S（M1） わたしが「S（T2）」の言うこと聞いてて思ったのは、〈語り手〉が自分の気持ちを表現しているというのはそのとおりだと思って、それで現在はどうかわからないけれど、当時は御釈迦様っていうのは、とにかく偉大ですばらしい存在として考えられていたと思うのね。だから、御釈迦様というのは本当に慈悲深くて、優しくて、極楽もすばらしいところだというふうに思われていたと思うけれど、この話の中では、そんなふうに書かれてないじゃん。頓着していないというのは、犍陀多のことなんかどうでもいいということでもあるじゃん。極楽というのも、みんなが思っているほど、神々しくてすばらしいところではないんだよということかなって思った。極楽だけど、少しもそんなところには頓着してないよっていう感じ。

S（T1） 何について言っているのかよくわからなかったんだけれど。

S（M1） 〈語り手〉が蓮の花を使って、自分の気持ちを表現しようとしているのではないかという、「S（T2）」が言ったことについて思ったことなんだけれど。

S（T1） ああ、それを「S（M1）」なりに考えてこういうことなんじゃないかって言っているわけね。

S（M1） そうそう。

T ここで出ていることを、二つまとめておくね。「S（T2）」は、〈語り手〉が、蓮の花を使って自分の思っていることを表現しようとしているのではないかと……、それはなかなか言葉になっていかないんだけれど、御釈迦様も犍陀多もみんな同じようなもので、世間というのはみんなこういう御釈迦様や犍陀多のような問題点をもっているのだと。だけどどんなふうに同じなのかということは、もう少し考えてみたいところだよね。でも、そういう〈語り手〉の批評意識があるのではないか、と「S（T2）」は言った。それに対して「S（M1）」は、〈語り手〉は蓮の花を用いることによって、極楽だってそんな世間と対して変わらないんだということを言おうとしているのではないか、と。

S（M1） というよりも、そんなすばらしい特別なところではないんじゃないかと。

T そもそも極楽に「朝」とか「午《ひる》」とかいう人間の世界の時間が使われているのだからね。ほかの人、さらに言葉になりそうな人いますか？

S（S1） 〈語り手〉にはもっと何か言いたいことがあって、それを言い表すために、極楽のこととか書いてあるけれど、極楽とか御釈迦様とかを深く追究しようとは思わない。おれは、芥川龍之介のいちばん言いたかったことは、この蓮池の蓮の様子であって、それを強調するために、御釈迦様や犍陀多を出していったにすぎないなっていう感じがする。[注20]

T うん。頓着しない蓮の花を書きたかったのではないかということね。ほかの人どう?「S(K1)」は?

S(K1) 蓮の花は地球……。

T みんな「S(K1)」の言っていること、わかる?

S もう一回言って。

S(K1) 蓮池の花は地球みたい……。

S(S1) それさあ、おれも同じようなこと言いたかった。(笑)

T じゃあ、「S(K1)」にもう少し説明してもらって、その後「S(S1)」にも話してもらおう。

S(K1) 地球の上でいろんな人にいろんなできごとがあっても、地球は変わらないじゃん。別に影響しないいっていうか……。

S(T2) わかる……。すごい……。

S(T1) なんだか泣きたくなるね……。感動で涙が出てきそう。

T なんだかおれもよけいなコメント言わないほうがよさそう。でも、今の話はみんなに通ったね。

S なんか今わたしと齋藤さん、きっとすごい同じ気持ち……。同じ顔してるもん。

T 地球は何があっても変わらない……。蓮の花は世間でどんなことがあっても変わらない……。「S(S1)」

(注)

20 章末注(146ページ)を参照。

は何を言おうとしたの？

S（S1） いや、やっぱり「S（K1）」と同じようなことで、たかが人間とか御釈迦様とかがそんな愚かな本性を見せちゃっても、なんか自然は変わらない……。人間の愚かさに影響されない。

T 蓮の花は人間の浅はかさみたいなものと対照的に見えるということだね。その辺のところまで聞いて、さっき「S（T2）」が言おうとしたこと、さらに言葉になる？ 御釈迦様と犍陀多が似たようなもので、それは世間であるということだよね。御釈迦様や犍陀多は世間のどんな姿を表しているかということと、「S（K1）」の今の話はつながっているよね。「S（K1）」が言ったのは、地球とか蓮というのは、世間ではないということだもんね。僕はさっきの「S（T2）」の話からスタートしたことが大きいと思っている。〈語り手〉が蓮の花を使って何かを言おうとしていて、犍陀多も御釈迦様も同じようなもので、世間というのはだいたいこんな姿をしているものだと。世間に対する皮肉や批評があるんじゃないかと。

S うん。

T それに対して、「S（K1）」は蓮の花は世間とは違うように見えると、ちょうど地球のように、世間で何があろうと地球が変わらないように、蓮の花は影響されない……。そこでもう一回世間の話に戻って、御釈迦様や犍陀多はどういう世間として語られているだろうか、ともう一度問うてみたい感じもするんだけれど……。まだ言葉にできる？

S ううん、どう言ったらいいのか、まだ言葉にできない、言ってしまうとなんだか壊れてしまいそうで……。

T なるほど。でもこれで十分言葉になってきている感じもするけれどね。もういいのかな。ほかの人どうですか。

S（T1） 「S（K1）」の言葉に水を差したくないっていう感じ。

Ｔ わかりました。本当は僕がどんなふうに読んだかということも話したかったんだけれど、今かなりみんな考えが育ってきたようなところもあるので、ここでは僕は言わないで、今の段階で、みんなが考えたことや感じたことを書いてもらって、次回はそれをプリントにしてきて、それを読み合ったあとで、僕の〈読み〉も出したいなと思います。なんだかみんな急にシーンとしたね。

Ｓ シーンとしているというより、言葉がもういらなくて、静かになっているという感じだよね。

この後、「まとめの感想」を書いてもらった。（その際、書いてもらった感想文を冊子にして次回に配ること、その後、授業者自身の〈読み〉も説明することを予告しておいた。）

以下は、本時に生徒が書いた「まとめの感想」の一部である。

１ 蜘蛛の糸を下に垂らした御釈迦様も、犍陀多も、結局最後は自己中心的で、二人とも自分が見えていないのと、うぬぼれてるのだと思った。話の流れ的にいうと、犍陀多のあさましい心によって再び地獄に戻ったみたいなことになっているけれど、本当は二人ともあさましい心をもち、御釈迦様と犍陀多の自分自身を見ないその姿を書き表したものだと思った。いくら御釈迦様だからといって何をしても許されるわけでもなく、犍陀多のように少し上に上がったからといって、ほかの下にいる罪人を見くだしてよいわけでもないと思った。

２ 話し合っていくうちにどんどんこの話の印象が変わっていった。こんなに深い話だとは思わなかったし、気づけなかった。御釈迦様はいい人というイメージが変わった。犍陀多が蜘蛛を殺さなかったことは別にそんなに善いことじゃないと思う。殺さないのはあたりまえじゃないの？ だからなんか御釈迦様は適当な人だと思った。

蓮池の蓮は、時間を表しているのかなと思った。犍陀多が糸をのぼっていようが、糸が断《き》れて落ちようが、時間は止まらない。というか変わらない？　ということ。だから、「S（M1）」が言った無常と、「S（K1）」が言った地球みたいっていうのはよくわかる。

3　わたしは今もあんまりピンとこないんだけど、みんなの考えとか聞いてたりすると自分とは少し違ったりしておもしろかった。

御釈迦様はほんとは何がしたいんだかよくわからない。でも、最後に犍陀多との共通点があったとわかった。自分のことは問わずに他者のことだけ責める……、御釈迦様は犍陀多にどことなく自分を重ね合わせてたのかな？　と思う。それで犍陀多だったらどう行動するのか、とか試したんじゃないかなと思う。ほんとよくわからないけど、とにかく奥が深いんだなあと思った。

4　最初に読んだ時は御釈迦様については何も考えなかったけど、みんなの意見とか聞くうちに御釈迦様にもかなり問題があることに気づいた。「語り手」はこの二人を似たものどうしとして見ているのかなと思った。あと、御釈迦様はどうして犍陀多を助けようとしたのか、わからない。

5　わたしは語り手は蓮の花を使って自分の気持ちを表現したのだと思った。その気持ちっていうのは御釈迦様・世間全体に対する批評・皮肉の気持ちだと思う。

でもこの「世間全体の姿」を授業中もうまく説明できなかったし、こうやって文にしても少しずれちゃったりするかもしれないけれど、わたしが思う「世間の姿」っていうのは貧富の差とか階級とか差別がある世間のことだと思った。（ちょっとずれてるかも？　もっといろいろあるけど言葉にできなくて。）でもそれは違うよ、ってことが、語り手は言いたかったのかなって思う。「御釈迦様のことを皆、雲の上の人で偉くてすごい人って言ってたり思ってたりするけど、実はそんなんじゃなくて、御釈迦様も人と同じ。御釈迦様もあなたも皆同じなんですよ」って言いたかったのかなって思った。だからわたしは語り手が蓮の花を使って表現した気持ちは世間に対する批評・皮肉だと思った。

6 最初はありきたりな感じだけど、犍陀多の貧しい心の話だと思った。けれど、みんなの話を聞いてくうちに、罪人だけでなく人間の心は貧しいんだなと思った。もちろん自分だっていい話をもちかけられればそれに乗っちゃうし、逆に都合の悪いことからはうまく逃れようとする。どんなに心の優しい人でもだれにでも欲はある。けど、それは必要なものだと思う。あたりまえのことだから。けど、そこで人それぞれ大きい小さいはあるけど、優しさや常識や人としてもてた感情を忘れてはいけないと思う。それを忘れたら、ただの欲になって、醜いものになるんだと思う。なんでもバランスだよ。

7 御釈迦様はカンダタを試していたんだと思う。それで蜘蛛の糸をたらした。上ってきたカンダタは自分も罪人だということを忘れてほかの人だけを罪人扱いした。カンダタが血の池に落ちた時、御釈迦様は、「ああ、こんな感じだったんだ」みたいに思って悲しい顔をした。結局は自分のことしか考えていないカンダタにがっかりしたんだと思う。けれども御釈迦様もあまり深く考えてやったとも思えないけれど。

8 この話は日本の社会（人々）のことをいっているのかなあ？ と思った。世の中には犍陀多や御釈迦様みたいな人間がいると思う。わたしが犍陀多の立場だったら、犍陀多みたいに罪人たちに「下りろ。下りろ」って言うかもしれない。

わたしはたぶん今、蓮の立場にいるのかもしれない。この話にたいして「そんなこと」って思うから。それから蓮が地球みたいっていうのもわかる。

9　残酷ということで種が違うだけで、みな同じなんだなと思いました。それは、御釈迦様は気まぐれで糸を垂らして助けようとはしたが、絶対ではない地獄と極楽の間は何万里とあって、それをのぼりきったら本当に助ける気があるのか、という残酷と、犍陀多のように何かが欲しいためにじゃまな者を殺すなどの残酷があると思う。精神的な残酷さと肉体的な残酷さがある世間を、蜘蛛の糸では仏と罪人で言っているのかなと思いました。

10　今まで考えてたことが、すごくちっぽけに思えて、それこそわたしが世間で、「S（K1）」が地球って感じ。一瞬にして、クラスが静まったのは、心が穏やかになったからだと思う。

それでも、「S（K1）」の心は、そんなことには頓着いたしませんって感じ。

朝起きて二度寝しそうな気分。起きたくないなあ。戻りたくないなあ。

9・10時（5コマめ）

生徒の感想文を冊子にして読み合い、そのあと、教師の〈読み〉を板書を活用しながら示した。特に、「蓮池の蓮」が「頓着」していないように見える〈語り手〉の自意識、つまり、〈語り手〉だけは、蓮がそのように見えてくることによって、自分自身の立っている位置を問い直しているのではないか、という〈読み〉を示し、それについて質問、意見を求めた。

6 「書く」ことと「読みを振り返る」こと

課題を多く残す実践であるとは思うが、入学してから初めての「小説の〈読み〉の授業」ということもあり、この時点のわたしの力量では、これで精いっぱいであった。「皆で読み合う」場をつくるということと、ともすれば作品から離れていきがちな流れに対して、「自らの〈読み〉を読む」ことの追究を、大切にした。

○ 犍陀多と御釈迦様双方の認識のありようを批評する〈語り手〉の自己表出を読むこと、そして、「あらすじ」だけを追っているだけでは見えてこない「蓮池の蓮」に着目していくことが、一定程度追究できたように思う。

○ しかしながら、その「犍陀多の肥大化した自我」と、「御釈迦様の頓着」の双方を批評する〈語り手〉自身が頓着してしまっていること、それについての〈語り手〉の自意識、自己批評性のようなものは、どれだけ問題化できたか……。授業の中の討論ではそれを顕在化させることはできず、「頓着しない蓮の花」がやや実体的にとらえられた傾向があるかもしれない。（大切なのは、実際に蓮の花が頓着していないということではなく、〈語り手〉にとって、蓮の花が「頓着していないように見えている」ということとわたしは考える。そこには、自分自身もこの話を語ることによって「頓着」してしまっているということへの気づき、自己批評性のようなものが見てとれるのである。）その点については、「まとめの感想」を出してもらった次の授業の際に、授業者の〈読み〉として改めて展開した。しかし、生徒自身が見いだしたものの中にも、大きな可能性を感じる。例えば「10」の生徒の感想は、この文章だけではわかりにくいかもしれないが、この生徒は「蓮の花って、地球みたい」と言ったほかの生徒の言葉に感動し、自分のそれまでの発言の中に、「犍陀多」や「御釈迦様」とも共通する「傍観者」性があったことに気づき、自らを問い直していることをつづっている。また、「5」の生徒の感想にも、御釈迦様に代表されるような「世間全体」に対する〈語り手〉の批評性を読み取り、それをなんとか自分の言葉にして表現しようとして格闘していることが見てとれる。さらに、授業におけるさまざまな生徒の発言（「わかる……、すごい……」など）にも見られるように、わたしの〈読み〉を示す以前にも、生徒自身が、自分の立っている位置を問い直すような読み方は生まれてきてはいる。これは無意識に〈語り手〉の自意識、自己批評性を読み、それを自分に重ねることで生まれてきたもののように思う。

○　授業の中で読み込んでいった内容の深さに比較すると、「まとめの感想」に書かれているものは、入学後まもないということもあるのかもしれないが、それが十分には生かされきっていないように思われる。わたしが感じているのは、皆で読んでから、生徒一人一人が、自分の中で〈構造化〉をするためには、もう一度授業の流れを黒板などで整理するなどの工夫が必要だということである。そういう意味でいえば、最後（9・10時）に教師の〈読み〉を板書などで示したが、先にそれを行ってから「まとめの感想」を書いてもらうべきであったかもしれない。（しかし授業の流れからすると、あの時点が自然な流れであったようにも思われ、今なお迷うところである。）また、「自分の思考の過程を振り返って、その経過がほかの人にも伝わるように書く」という「書き方」の指導の追究が求められているように感じている。振り返るための材料としてのノートをどのように作っていくかも、重要な課題である。(注21)

（注）

21　章末注（146ページ）を参照。

第1章・章末注

注1 「日本文学 二〇〇三・八」(日本文学協会) 所収。この座談会は、松澤和宏、難波博孝、髙木まさき、及び田中実(司会)によって行われた。「これからの文学教育」を考えるうえで、学ぶところの多い座談会であった。本稿では触れることができなかったが、髙木の「速い情報が飛び交っている時代」にこそ「遅い情報、ゆったり流れる時間を味わう、そのなかを生きるということが必要」であり、「文学教材」はその可能性をもつ、という指摘には示唆を受けた。

注2 ただし、誤解のないように付記しておくが、松澤氏は、「伝統=公共性」と述べているわけではない。「価値の継承」のためにも、価値の「問いなおし」、「継承と批判」の「二つの面の緊張関係のなかで営まれなければいけない」と述べているのであり、その点が重要だとわたしは考える。

注18 本稿の教材論部分の初出「『〈語り〉を読む』ことと、『自己を問う』こと ―芥川龍之介『蜘蛛の糸』の教材価値を再検討する―」(田中実・須貝千里編著『「これからの文学教育」のゆくえ』右文書院 二〇〇五・七)発表後、池上貴子「『蜘蛛の糸』を読む」(「日本文学 二〇〇七・八」日本文学協会)が発表された。池上は、拙論に触れたうえで、〈語り手〉の位置について、「『語り手』が〈蓮〉の世界から自らの位置を問うたとしても、その語る言葉もまた〈頓着〉しない世界、すなわち意味を無化する世界に包含されるとはいえないか。その状態は、虚無とも名づけられず、ただ〈絶え間なくあたりに溢れて〉いるものとして語られるのみであろう。〈蓮〉は、虚無という意味さえも〈頓着しない〉ほどのレベルで語られる世界として、〈御釈迦様〉や〈犍陀多〉の世界を覆っている。『蜘蛛の糸』の『語り手』が〈犍陀多〉や〈御釈迦様〉の『物語』を失わせ、その果てに〈蓮〉の『物語』を語ろうとするのは、この徹底的な存在の閉塞感を『読み

手』に感じ取らせるためであろう」と論じている。この「虚無という意味さえも〈頓着しない〉ほどのレベル」で「『意味』と『意味』の確かなつながりという『物語』を失わせた」という、これまでの研究史を「物語」批判という位相において徹底的に相対化した池上の〈読み〉には、深い共感も覚えた。

しかし、わたしが論じようとしたことは、〈語り手〉という「一個の人格の問題」にはとどまらない。この〈頓着しない〉蓮に気づく〈語り手〉が照らし出すのはおそらく、批評するという行為そのものにつきまとう罪の意識である。わたしたちは生きているかぎり、世界を批評する。その批評行為から逃れられない。しかしその、批評が同時に自己批評に反転せずにはいられないという自意識を、この〈語り手〉の立つ位置は示しているのではないだろうか。そこにこの『蜘蛛の糸』の優れた教材価値を感じるという点については、今も変わらない。

注20

ときおり、この生徒のように、作家の意図について考えた発言が出てくる。わたしは、そういう発言も自然なものと考える。授業全体が作家の意図を追っていくことになってはよくないが、〈書き手〉の意図について考えてみたい生徒が出てきても不思議はないし、そのような発言によってひらかれていくものもあると思っている。

注21

このときの反省に基づいて、現在は「まとめ」として、単なる「感想」ではなく、「作品論」（字数は八百字以上を目安とする）を書いてもらうことにしている。その際、次のことを生徒に求めるようにしている。

① ノートを読み返しながら、授業者から出された最初の問題提起や発問、ほかの生徒から出された意見について授業中考えたことを振り返りながら、論じること。また論じつつ、再度考えること。

② そのためにも、ノートは板書だけではなく、印象に残った他者の発言や、自分の思考の過程についても、残しておくこと。

③ 作品の文章の中で、重要と思った部分を引用し、その箇所について自分がどのように読んだのかについて、根拠

をあげて論じること。(引用した部分と自分自身が対峙し、なおかつ、他者に対して説得的に書けるようにするため。)

④ ③を行う際、細部の(断片的な)〈読み〉を生かしつつ、細部と細部を結びつけ、全体像が明らかになるように論じること。

この方法を採ることによって、「書き方」の問題は、現在かなり改善された。長い文章を書くことに苦手意識をもっていた生徒たちも自然に慣れていき、高校三年生になる時には、二千字以上の文章を書く生徒も多くなってくる。もちろん、字数そのものが最大の目的なのではない。しかしその過程は、〈読み〉そのものも深めていくと感じている。

第2章　状況に切り込む文学教育
―森鷗外『高瀬舟』をめぐって―

1　情報消費型社会と「国語」の授業

二〇〇二年十一月、勤務校で行われた公開研究会の教科別分科会の席上、卒業生から次のような質問を受けた。「インターネットを活用していると、さまざまなサイトで数えきれないほどの『自己表現』が流されている。発信する当人たちはそれを『自分だけに固有の物語』として書いているつもりのようだが、読んでみるとどれもどこかで見たことがあるように感じられる。授業での『自己表現』にも同じようなことが言えるのではないか。教員はその問題をどのように考えていたのか」という内容であった。これは、わたしにとっては重い「問い」であった。

Ｉの第2章でも述べたことであるが、わたしが現在勤務する自由の森学園は、「自由と自立への意志を育てる」ことを目標に、一九八五年に創立された中高併設の学校である。テストの点数や成績という一元的な尺度によって生徒を評価することを否定し、「深い知性」「高い表現」「等身大の体験」を重視して、生徒が、自らの人生観・世界観を形成することを助ける教育を目ざしている。日本語科（国語科）ではそれを受けて、教科の目標として「言葉による自己表現の追求―自分の言葉で自分を語る」を設定した。「制度化された言葉」に疑いをもち、自らの身体を一度通した言葉を創出していくこと、そのねらい自体は今でも有効性を失ってはいないだろう。しかし、卒業生の言葉はこの目標についてまわる深層の問題を撃っている。つまり、「自分の言葉」「自分」として考えられていたものが、実は、情報消費型社会の中に既に存在する「型紙」をなぞっているにすぎないということの自覚が、生徒や教師にどれくらいあるのか、もしその自覚があるとすれば、それは実際の授業にどのように生かされているのか、と問われているのである。

情報消費型社会の影響は次のような形でも表れている。点数序列や管理主義を否定して、目標を実現させるための授業をつくろうと努力してはいるものの、「好きなことを（自由に）やっていたい」という生徒、「授業がおもしろくない」と自分の世界に入り込んでしまう生徒もいる。教材との最初の「出会い」が身近に感じられないともうその世界に入っていこうとしない、すぐに対象を理解したつもりになってしまい再び問い返そうとしない、などの現象も見られる。授業も消費の対象になってしまうのだ。授業は苦役ではなく、「おもしろい」からこそ参加するのだという発想が自由の森学園にはあり、それは、「教員の授業を、生徒は黙って受け取るべき」という考え方に対しては有効なアンチテーゼになったが、「おもしろくなければ、参加しない」という状況も生み出している。問題は、何をもって「おもしろい」「おもしろくない」と言っているかということである。自由の森学園の授業を見に来た人たちは、生徒の意見の活発さに驚くことが少なくない。時には奇矯《ききょう》とも思われるような意見がのびのびと出されるその雰囲気に、「日本語（国語）の授業には正解がないから、いい」「一人一人の多様な読みを保障することが、ここでは実現している」などの感想が寄せられ、生徒たちも「自由の森では、普通の学校とは違って、どんな意見も言い合える」という授業観をもっている。このこと自体は貴重な達成であると思うが、同時に、そういう「期待」を裏切ってはいけないと、すべての意見を教師が根拠なしにただ受容していくような雰囲気もあり、それはかつての「関心・意欲・態度」を重視する「新しい学力観」と期せずして重なってしまった。しかし、最初に述べた文脈で言えば、一人一人の「多様な読み」と思われた「読み」が、実は文化共同体に絡め取られた中での「偏差」にすぎないことこそが、問題化されなければならない。それは「どうせ人それぞれに決まっている読み（意見）を話し合ったって意味がない」という無力感（それは単に「国語」の授業だけの問題ではない）を、どのように超えていくかということにも、つながっていくだろう。

一回読んだだけでその作品が「おもしろい」か「おもしろくない」かがわかった気になり、「おもしろくなければ」参加しない、「おもしろい」のなら自分の読みを「おもしろく」発表する、という「参加」の仕方は、対象との葛藤なしに文学作品を消費し、授業を消費していくことにほかならず、そこには「他者との出会い」も「今までの自分」に対する問い直しも生まれない。そこには、自分を取り巻く世界を、勝手に取り込み、勝手に解釈してしまう「他者不在の状況」に対しての切り込みが存在していないのである。そのような深刻な問題意識を抱えた中で、わたしは日文協の国語教育部会に参加するようになり、そこで議論されていることから学んできた。そこでの核心は、以下のようなことである。実体としては存在しない了解不能の《他者》を概念装置として設定することにより、自己がとらえた（自己化された）他者である〈わたしのなかの他者〉と峻別すること。また、主体・客体の二項の外部に、第三項としての〈原文〉を想定すること。これらのことにより、文化共同体に拘束されている〈わたしのなかの他者〉〈わたしのなかの本文〉を倒壊し続けていくこと。そのために、「何が書かれているか」だけではなく、「どう語られているか」に着目し、「登場人物と〈語り手〉との関係性に孕《はら》まれている問題を読むこと。[注1] 田中実・須貝千里の提起は、「読むことの原理性」を問うものであると同時に、自分の属する学校、教室の問題であり、わたし自身の生の課題につながっていた。換言すれば、「状況に切り込む」ことと、「文学教育の根拠」を探る問題は、わたしにとって一体のものであった。道のりの遠さに気も遠くなる思いであったが、なんとかして出発点に立ちたいと思い、『高瀬舟』を教材に、高校二年生と「授業をつくる」ことにした。

2 『高瀬舟』第一次感想とその問題点

生徒は普通、初読の段階では、小説を、「何が書かれているか」を中心に読んでいる。それは例えば『羅生門』では、「下人が盗賊になる話」となるし、『高瀬舟』では、「自殺しようとした弟を苦しませるのを見るにしのびず、喜助がその手助けをしたことによりお上《かみ》につかまり、遠島になる。その喜助の話を同心である庄兵衛が聞くという物語」ということになる。初読後の第一次感想では、ほとんどの生徒の関心は庄兵衛には向けられず、喜助の行為は罪なのかという「安楽死」の問題に向けられた。二つ紹介したい。

1　前に読んだ時も思ったけどやっぱり島流しの刑は喜助の罪には合わないいんじゃないかと思う。一生その土地で暮らさなきゃいけなくなるんだし。それに喜助は弟に頼まれてやっただけの話なんだし。でももし喜助が帰ってくる前に弟が死んでしまっていて、おばあさんが来なかったら、喜助は何の罪も負わなかったんじゃないかな。たまたま悪いことが重なっちゃったんだと思う。よくわかんない。

2　安楽死の問題は難しいと思う。もちろん人を死に追いやることは絶対に許されることではないが、安楽死の

（注）

1　これらのことについては、Ⅰの第1章第3節、及び、Ⅱの第1章の注6、注7で詳しく述べている。

場合たいていは死より辛い思いをしている人が心から死を望んでいる。（中略）たとえ苦しんでいる人でも殺すことはよくない、そういうものだろうか？　死にたがっている当人の苦しみについて何も知らない我々に、苦しんでいる人の命を引き延ばす権利があるのか？

これら初発の感想を絶対のものとするかぎり、その後の授業は、「喜助の行為は罪に当たるのか」ということと「現代の安楽死の問題」をめぐって、生徒どうしが対話を「深めていく」ということになるが、それでは読み手の側の認識の問題、生の問題を問うことはできない。

『高瀬舟』は四つの段落から成っている。第一の段落では、〈語り手〉が「高瀬舟」がどのような空間なのかを示し、第二の段落では、〈語り手〉が時代設定をし、庄兵衛の目に映る喜助の様子を描き出していく。第三の段落では、庄兵衛が自分の不思議な思いにこらえきれず喜助に呼びかけることにより、喜助がその人生について語り始め、庄兵衛は喜助を「（人間の欲を）踏み止まってみせてくれる」人として仏のように見る。第四の段落では、「喜助の弟殺し」の話が直話話法で語られ、さらにその喜助の話を聞いた庄兵衛の内面が語られる。そして最後に「沈黙の人二人を載せた高瀬舟は、黒い水の面《おもて》を滑って行った」と結ばれる。

この作品は、中学校の教科書（光村図書）にも採録されている。しかし、「授業で読んだ」という生徒の印象は、喜助の弟殺しの部分に集中し、〈語り手〉の問題はおろか、庄兵衛の存在についても、全く念頭にないものがほとんどであった。「何が書かれているか」だけに着目して読むかぎり、それはある意味で「自然」な読み方なのかもしれない。しかし、「どう語られているか」に着目し、「高瀬舟」という空間のもつ意味、〈語り手〉と登場人物の関係性に孕《はら》まれている問題を読むと、小説の見え方そのものが変わってくる。そこで、第一次感想を生徒全員に配布するとともに、教師のほうから考えてもらいたいこととして、以下の四つの観点を示した。

Ⅰ　〈語り手〉は、「高瀬舟」という空間をどのように描いているか。

Ⅱ　〈語り手〉は庄兵衛と喜助をどのような人間として描いているか。

Ⅲ　喜助の話を聞く前と後で、庄兵衛の変化はどう語られているか。

Ⅳ　鎖国している江戸時代の話に、「オオトリテエ」などというフランス語が持ち込まれているのはなぜだろうか。

（Ⅱは全体を貫く問題。Ⅰ、Ⅲ、Ⅳは観点の意味を以下に示した。）

3　導入部「高瀬舟」という空間を読む

授業は十一時間に及んだ。まず教師の観点を示したあとの、最初の授業の様子を紹介したい。枚数に制限があるので、教師の発問など、省略したところもある。

なお、本文の引用は、教科書『新選国語二』（尚学図書　一九九五年度版）による。傍線は筆者によるものである。

T　高瀬舟を護送することを、同心はどう考えている？

S　「不快な職務」と言っている。

T　毎日の職務が不快ではかなわない。でもなぜ不快なんだろう？

中略

S　悲惨な境遇と書いてあるでしょ。かわいそうになる。

T　そう。書いてあるね。罪人とその親類が夜通し身の上話をする。それを聞くと、かわいそうになる……。

S　「不覚の涙を禁じ得ぬ」……。

T　そうだね。でもそれだけかな。だって、罪人というのは、悪いことをした人なのだから、その人を仕事で連れていっているのだったら、不快とまで言うかな……。

S　だから、そういう悪いことした人だけではなくて、心中とか、それほど悪いことをした人でないと思われる人の身の上話を聞いてしまうことがある……。

T　今言ってくれたこと書いてあるよね。どう書いてある？

S　「心得違いのために」って書いてある。

T　それはこの話の〈語り手〉が言っていることだよね。〈語り手〉はそもそも、罪人がみんな罪を犯したって書いている？

S　書いていない。「思わぬ科《とが》を犯した」……。

S　〈語り手〉は、けっこう感情入って言っている。

T　「感情入って言っている」ってどういうこと？

S　だから、島流しという裁きになっているけれど、それはちょっとあやしいのではないかという〈語り手〉の判断がある。

S　「しょせん町奉行所の白洲《しらす》で、表向きの口供《こうきょう》を聞いたり、役所の机の上で、口書きを読んだりする役人の夢にもうかがうことのできぬ境遇である」……。

S　同心は下っぱだから。

S　同心にしかわからないことがある。

T　そう。同心は下級役人だから、町奉行所のお偉いさんが聞き取る型どおりのこと以外のことを、この場で聞いてしまう……、それを聞いてしまうとつらいし不快だと……。

S　どうしようもないから不快なんだ。

T　どうしようもないって？

S　聞けば聞くほど、島流しにするのはかわいそうだとか、場合によってはお上の裁きが行きすぎているのではないかと思ってしまうのだけど、自分ではどうしようもない。

S　そういう話はできれば聞きたくない、ということもあるのだろうけれど、なぜ聞きたくないのかの次がある……。

S　お上の裁きには逆らえないという、役人としてのしがらみのようなものがある。だから不快。

T　今言ってくれたこととみんなわかった？　しかも「高瀬舟」という場だからこそ、そういうことが問題になる。「高瀬舟」というのは同心にとっては、お上の裁きが正しいかどうか、本当に島流しにするほどの罪なのか、ということを問わずにはいられなくなってしまうような「再審」の場になってしまう。けれども今言ってくれたように、「再審」したからって自分にはどうすることもできない。

S　同心も立場として弱い。

S　同心が判断しても、どうすることもできないから不快になる。

T　そうだね。（中略）それからね、これ本当にうまく書かれていると思うんだけど、高瀬舟が流れるのって夜なんだよね。夜だっていうことはこの話にどんな影響を与えているだろう?

S　夜のほうが本音が出しやすい。

S　そういうイメージとして書かれている。

T　最初に読んだときと、少しイメージ違ってこない?

S　なんかね、最初に読んだときには、弟が自殺するところのイメージが強すぎて、安楽死っていうところがやっぱり頭に入っちゃう。こういうところは、素通りしてたんだなあって思う。

S　通して読むと変わってくる。

「何が書かれているか」だけで読んでいた初読の段階が倒壊し、教師の視点も生かして「どう書かれているか」に着目した読みに変わっていく様子の一コマである。事実上の「再審の場」(竹内常一(注2))に立ち合わされる同心の苦しい立場や、舞台となる「高瀬舟」という空間のもつ意味を生徒は読み取り始めている。(153ページの観点「I」。)

続く第二の段落では、時代設定が語られる。「白河楽翁侯《しらかわらくおうこう》」とは、寛政の改革を行った松平定信のこと。それは、江戸・大阪の打ちこわし頻発という事態の中で、旗本・御家人に対しては高利貸しである札差しから借りた金の一部の返却を免除する「棄捐令《きえんれい》」を出す一方、打ちこわしの主体となった都市農民に対しては、統制を目的とした人足寄場を作り無宿人や浮浪人を押し込めて強制労働をさせるなど、支配階級の利益を最優先にし、一方武士以外の被搾取階級にとっては厳しい痛みを押しつけるという「改革」であった。(また、そうした状況の中に、下層階級としての喜助や弟の人生があったことに注意しなければならないだろう。)喜助は住所不定《ふじょう》の三十歳、親類もなく高瀬舟には一人で乗っている。だから、通常交わされるような親戚眷族《けんぞく》との夜通しの身の上話は、庄兵衛は聞かなくてもすむはずなのである。しかし、喜助の、通常の罪人とはまるで異なる「楽しそう」な様子（「目にはかすかな輝き」がある）を見るにつけ、喜助に対して、一人の人間としての関心をもつ。そして、第三の段落で、同心としての役割からはみ出して喜助に直接問いを投げかけるという展開を導く。

4 「喜助に対する庄兵衛の認識のありよう」を問う

第三の段落は、これまで高瀬舟の主題の解釈として「知足《ちそく》」と考えられてきたことと大きくかかわっている。例えば、一九九七年度版中学校用教科書「国語三」の教師用指導書（光村図書）では、「便利さが追求され、求めるものが簡単に手に入る生活に慣れている生徒たちが多い。（中略）現在の自分を客観的にみつめ肯定する視点も大切なのである。経済的に成熟した社会を生きる中学生にとっても、非常に今日的な課題として考えることのできる主題と言えるだろう」とされている。しかし、これには違和感を覚える。喜助の話を聞いて仏のように見えているのも、また「足ることを知っている」と判断しているのも、庄兵衛である。しかしながら、直接話法で語られる喜助の話を庄兵衛の意識をとおさずに読むと、この話を指導書の言っているような意味での「足ることを知る」話として読むことへの疑問がわいてくる。授業の様子を紹介する。

（注）
2　竹内常一「〈再審の場〉としての『高瀬舟』」（田中実・須貝千里編『〈新しい作品論〉へ、〈新しい教材論〉へ　小説編1』右文書院　一九九九・二）

T　喜助の話を庄兵衛は聞いて、喜助を「足ることを知っている」人、「欲のない」人、あるいは「踏み止まってみせてくれる」人として、仏様のように思っている。これに関してはいいね。でも喜助の話を庄兵衛をとおさずに、ぼくらの目から見てみるとどうだろう。喜助の発言から、どんな感じを受ける？

中略

S　なんでおれだけがこんなに苦しまなければならないのか、と言っているようにも見える。
S　喜助は自分に対して納得させて生きようと思っているのかな。
T　という読み方をどう思う？
S　ちょっとわからない。
S　いやわかるよ。
S　読みようによっては、お上に対する批判とも。
S　でも喜助は自分の思っていることを自然にしゃべっているよね。
S　それはそうだと思うよ。
S　いや、喜助は皮肉を言っているのだけれど、庄兵衛はそれを理解していないということだと思う。
S　いや、と言うよりも、この時代の社会構造の底辺にいた喜助が、全然意識はしていないけれども、思ったことを自然にしゃべると、お上や庄兵衛に対する批判とも読める言葉が無意識に出てくるということでは。
S　意識してないかなあ。
S　全然意識していないと思うよ。喜助はもともと、自分はこんなに一生懸命働いているのに、なぜこんなに苦しいのか……、という気持ちが底辺にあって、それが浮かび上がってくるのだと思う。皮肉を意識的に言うほどの強さはないと思う。

S　そうかも。

T　みんな今問題になっていることわかる？　どちらの意見とも、この喜助の言葉が聞きようによっては皮肉に聞こえるということは共通している……、お上とか庄兵衛に対する皮肉とも読める、ただ一方は皮肉としては話していないと読み……。

S　そう。そうした生活をしてきたから、どうしてもそういう言葉が出てくるだけ。

T　で、一方は意識的に庄兵衛を追いつめているように読めると。

S　そう読んだほうが喜助が人間くさく見えるし、おもしろい。

T　おもしろいかどうかではなくて、この文章からどう読めるかということ。でもここが意識的かどうかというのは、この場面だけではなくて文章全体で考える必要があるね。このあと喜助の弟殺しの話もあるし。ただここで確認できるのは喜助の話は聞きようによっては皮肉に聞こえる内容をもっていて、ところが庄兵衛は？

S　庄兵衛にはそのことが見えない。

S　見えていないのに喜助のことを理解したと思っている。

T　人間ってほかの人間のことを、表面的なところで理解したつもりになってしまうんだよね。深層の部分が見えていない。

S　喜助の話がやたら丁寧なのはどうしてだろう？

S　そういう時代だったんじゃない。

S　おれの読み方からすると、それ自体が皮肉なんだけど……。

S　お上の処置に納得しないと生きていけないのだから、納得しているようなもの言いになってくるのでは？

T　喜助は半年間取り調べを受けていると書いてあったでしょ。そういう取り調べを続けて受けていると……。

S　取り調べに対して答えているような言葉遣いになってしまう。

S　でもそれは、自分がなんとか生きていく知恵でもあるでしょ。

T　自分自身をそうした権力構造に慣らしていくようになったと。

S　庄兵衛は役人のいちばん下だから、本当は喜助の話の深いところに気づく可能性をもっていたはずなんだけど……、庄兵衛自身も下の者の厳しさがわかると思うし。

T　しかも奉行所とは違う「高瀬舟」という空間の中……。

S　でもさ、ここでの庄兵衛は自分が役人であるということをほとんど忘れかけているでしょ。喜助に話しかけたり、あとでは「喜助さん」なんて「さん」をつけたりさ……。

S　そういうところから見ても見えない。

S　だからこそ見えないというべきなのでは。

T　そうだね。

S　そうして何かが隠されてしまう。

S　喜助がそうして包み込まれてしまっている。囲い込まれてしまっている空間というのは、現代でもそういう権力の流れっていうのは変わらないと思う。人間が生活していくうえでどうしても生じてしまう。そういうところを自分たちの生活とだぶって見えてくるというのはすごい……。

T　この小説ってすごいと思う。〈語り〉の方法を読むと、喜助の話を庄兵衛がどう聞いたかということが問題になり、そこから庄兵衛の認識のあり方が問題になり、しかもそうした庄兵衛のもっている問題点は、ぼくらがみんなもっている問題点だという……。

S　最初読んだときにはウチらはそうは読めなかった。喜助のことを庄兵衛が表面的にしか読めなかったように、庄兵衛のことをウチら読者は表面的にしか読んでいないということだよね。そういうことも含めて、深く読んだ時にもっと見えてくるものがある。

庄兵衛は喜助の話を聞き、わが身の上と比較して、「彼と我との間に、はたしてどれほどの差があるか」と考える。そのうえでなお「大いなる懸隔《けんかく》」に気づき、「どこまで行って踏み止まることができるものやらわからない」人の一生の中で、「目の前で踏み止まってみせてくれるのがこの喜助だ」と、「毫光《ごうこう》がさすように思」うのである。しかし、喜助の話を庄兵衛の意識を通さずに聞くと、竹内常一も言うように、(注3)喜助自身は気づいていないと思われるにせよ、「お上」（政治）に対する批判の萌芽のようなもの、皮肉ととれるようなものも見える。なにひとつ悪いことをせずに、精いっぱい働いても、喜助は自分のすみかももつことができず、借金続きの生活なのである。「島はよしやつらい所でも、鬼の住む所ではございますまい」という言葉の裏には、今までいた京都は「鬼の住む所」であるという認識が含まれているとも読める。田中実がかつて「『高瀬舟』私考」(注4)で指摘したように、「この良心的で常識的な生活者に映った真実が社会最下層の極限に近い貧窮者の内面、特にその深奥を理解するのに十分ではない」のである。庄兵衛は、喜助の話の深層を読むことができずに、通常の生活人としての自分自身の

（注）

3　注2に同じ。

4　田中実「『高瀬舟』私考」（『日本文学』一九七九・四）日本文学協会

生活と比較して、「足ることを知る」人物として思い込んでしまっている。わたしはここに、登場人物庄兵衛の認識のありようの問題（〈わたしのなかの他者〉の問題）を感じる。庄兵衛の意識をとおして喜助の話を聞くことと、わたしたち読者が直接聞くことの落差が、喜助の苦しい人生と、庄兵衛の認識の問題点、さらには喜助を裁く側である「お上」の問題点を暴くことになる。それに気づくときに、生徒は、読者としての〈わたし（ウチら）のなかの他者の問題〉（作品の見え方＝自らの認識のありようの問題）を浮上させ、文学作品の奥行きの深さを感じ、「深く読んだ時にもっと見えてくるものがある」と発言している。

5　結末部を読む　―〈語り〉の構造と「沈黙」の意味するもの―

第四の段落では、庄兵衛は「喜助さん」と呼びかける。これは第三の部分と関連し、庄兵衛が同心としての立場を越え（忘れ）、喜助と対等な位置で話をしていることを表す。この段落は第一次感想で生徒の関心の集中するところだが、その関心は、喜助の弟殺しが本当に「罪」なのかということに集中し、喜助の話を聞いた庄兵衛の内面については、ほとんど関心が向かない。しかし、庄兵衛の様子の語られ方を注意深く読むと、作品の見え方は変わってくる。（153ページの観点「Ⅲ」。）「話を半分聞いた時」から、庄兵衛には「これがはたして弟殺しというものだろうか、人殺しというものだろうか」という「疑い」が起こり、「聞いてしまっても、その疑いを解くことができな」くなるのである。

庄兵衛は、奉行所の判断に疑問を抱いている。その時点で、「罪人」を連れていく「同心」としての庄兵衛は、その立っている地点を揺さぶられている。まさに「再審の場」となっているのである。（ただし、庄兵衛の関心は、「話を半分聞いた時」からの、これが「弟殺し」「人殺し」というものだろうか、ということに集中し、兄弟のこの悲劇の根本＝境遇を理解しきれていない。つまり「社会最下層の極限に近い貧窮者の内面、特に深奥」を十分には、理解していない。これは、先述した第三の段落での庄兵衛の喜助に対する認識のありようの問題とつながっており、その揺さぶられ方は、中途半端なものとなっているとも言えるかもしれない）。しかし、ともかくも立っている地点を揺さぶられていた（追いつめられていた）はずの庄兵衛には、疑いが解けぬままに「自分より上の者の判断に任すほかないという念、オオトリテエに従うほかないという念」が生じる。この部分は、単なる説明としてだけではなくて、〈語り手〉の庄兵衛に対するある種の批評としてわたしには読み取れる。庄兵衛は、「自分より上の者の判断」に疑いをもつ地点に立ちながらも、結局は「オオトリテエ」（＝権力者）に従うほかない、という立場に帰着するのである。（ただし、〈語り手〉はそうした庄兵衛を必ずしも突き放して批判しているわけではない。妻と四人の子どもを抱えた生活者として設定されている庄兵衛は、自ら「疑い」を突きつめていけば、同心としての職務を疑わざるをえず、極めて苦しい立場に追い込まれるから。）しかも〈語り手〉は、鎖国中の江戸時代の話に「オオトリテエ」などというフランス語を用いることで、こうした権力構造が単に江戸時代の幕藩体制下での話だけではなく、近代以降にも同様の問題として存在していることをにおわせているのである。（153ページの観点「Ⅳ」。）

また、喜助の語りも問題になる。この点については、菅聡子と角谷有一の間に興味深い論争[注5]がある。

（注）

5　菅聡子「森鷗外『高瀬舟』を〈読むこと〉」
角谷有一「プロットの読みを深める」および「所感交感 教室という場で『高瀬舟』を読むこと」
（いずれも、田中実・須貝千里編『文学の力×教材の力　中学校編３年』教育出版　二〇〇一・六）

「教室という読書の場」においては「外部情報を何ら所有しない読者が出会うものこそ、〈出来事〉としての〈読むこと〉の本質であるように思われる」(菅)という点では、菅と角谷は立場を共有する。しかし、喜助の内面をどう見るかという点、あるいは〈語り〉の構造をどう見るかという点では、両者の立場は大きく異なる。菅は、「語りの視点は庄兵衛による一方的なものとして設定」されており、「喜助の内面を知ることは、語りの構造上不可能である」とする。また「喜助に関して唯一存在するのは彼の語りそのものである」が、「語りは騙《かた》りでありうる」から、「喜助の自己語りを手がかりにその内面を推し量ろうとすることにも、当然のことながら限界がある」とする。したがって菅のこの立場からは、例えば「自分が殺害した行為を、弟の自殺の幇助《ほうじょ》＝〈安楽死〉として装ったのではないか、という疑い」(出原隆俊[注6])も、「語りの構造からすれば十分首肯される」となる。(菅自身は、喜助の内面へのアプローチはいっさい捨象し、語り手によって明示されている庄兵衛の内面の動きにのみ注目している。)それに対して角谷は、「喜助という『テクスト』は、『庄兵衛によって読まれるべき』ものとしてのみ作品に登場するわけではなく、直接話法の語りを通して、読者一人一人にとっても『読まれるべきテクスト』として登場している」と考える。そこから、「庄兵衛とともに喜助の告白を聞いてきた読者は、喜助の『弟殺し』に関わる告白を聞くことによって庄兵衛が理解し、納得した今の喜助の『晴れやかで』『楽しそう』な様子を見せている内面をこそ読まなければならない」とし、「喜助の『弟殺し』に関わる告白を聞く以前には庄兵衛に『足ることを知る』と見えたものは、むしろ、『生への執着』を捨てて弟によって願われた『生』を、自分が心の中で受け継いだ弟の遺志とともに生きようとする、『晴れやかで』『楽しそう』な喜助の姿だった」ととらえている。

こうした読み方からすれば、先述した出原の読みは、「敢えて作品の文脈を切断、否定」したもので、「物語の捏《ねっ》造《ぞう》とどう違うのだろうか」と否定されることになる。

ここでは、直接話法で語られる喜助の語りについて、考察を加えたい。田中実は「小説は『物語＋〈語り手〉の自己表出』であり、会話にも〈語り手〉が自己表出している。『物語』とは一つ世界であり、会話の文にも〈語り手〉は隠れ、『物語』を進行させている」(注7)と考える。この論によって、喜助の語りについて考えてみると、〈語り手〉がなぜ喜助にあれだけ長く直接話法で語らせているのか、という問いが生まれてくる。直接話法であるから、第三の段落と同様に、読者はここでは庄兵衛の意識をとおさずに、喜助の話に耳を傾けることができる。さらにこの段落の特徴として、〈語り手〉は、喜助に直接話法で語らせたその直後に、「喜助の話」は「半年ほどの間、当時のことを幾たびも思い浮かべてみたのと、役場で問われ、町奉行所で調べられるそのたびごとに、注意に注意を加えてさらってみさせられたのとのため」、「ほとんど条理が立ちすぎている」と相対化している。とすれば、直接話法で語られている喜助の話は、ある偏向《バイアス》がかかっているものとして読めてくる。竹内常一は、特に町奉行所で「注意に注意を加えてさらってみさせられた」ことによる影響に注目しているが、(注8)これは、喜助の認識も、権力構造の中に絡め取られていることを指摘するものとして注目される。

喜助の事件の背景には、本人の責任とはいえぬ貧しさの問題もあり、本来「条理が立」つようなものではなく、筋道立って語れるような性質のものでもなかったはずだ。しかし、半年ほどの回想の積み重ねや、奉行所の取り調べの中で、事件は喜助自身によって「物語」化されてしまい、あたかも「条理が立っている」ような話として、語られてしまう。さらに、先述したように〈語り手〉は、喜助の話を聞いた庄兵衛も、結局オオトリテエに回収

（注）
6　出原隆俊「『高瀬舟』異説」（谷沢永一・山﨑國紀編『森鷗外研究８』和泉書院　一九九九・一二）
7　田中実「消えたコーヒーカップ」（『社会文学　二〇〇一・一二』不二出版）
8　注２に同じ。

されていくものとして語る。第三の段落も含めて、喜助の長い直接話法による語りは、読者にその悲劇性を示すことによって、庄兵衛の喜助に対する認識の限界を際立たせる。さらに、その喜助の語りそのものも、〈語り手〉は、相対化して聴き取らなければならないものとして語る。読者にとっては、喜助、庄兵衛、双方の認識のありようを問題化させるような〈語り〉の構造であり、それは〈語り手〉によって仕組まれたものと言えるのではないだろうか。（注9）

そして、喜助の弟への愛情、また弟の喜助への思いが際立てば際立つほど、〈直接話法で語られる喜助の話が感動的であればあるほど、〉また田中実が「『高瀬舟』私考」（注10）で言う、「今まで在った現実的世界を逸脱し、弟とともにある超現実の生を生きることになった」喜助の様子が、庄兵衛に「目にはかすかな輝き」があり「楽しそう」に映れば映るほど、話は悲劇的な色彩を帯び、わたしには当時の権力構造の問題が色濃く浮上してくる。喜助の内面を読むことと、権力構造の問題を読むことは、そこでつながってくるのである。

以上をふまえると、結末の一文は、初読時とはまた異なる様相をもったものとして、立ち現れてくる。終盤の授業の様子を紹介する。

T 「庄兵衛はその場の様子を目《ま》の当たり見るような思いをして聞いていたが、……沈黙の人二人を載せた高瀬舟は、黒い水の面《おもて》を滑って行った。」この文章から、どんなことが浮かんでくる?

S それまで喜助の話を役人としての立場を離れて聞いていたのが……。

S 忘れていたというよりも、違う立場に立っていたのが、お奉行様の判断に任せようとなっているから、やっぱり「役人」としての立場に戻るという感じ。

T　何がそうさせるのかな？

S　お上に対して疑問を言うと、クビになる可能性がある。そうしたら家族を養っていけない。

S　自分では判断できないから。

S　いや判断していいんだよ。けれど、判断しようとしないというか……、そういうこと思ってはいけないというか……、そこのところがすでに権力構造に巻きこまれてしまっているんだと思う。

中略

S　判断するのが怖い。判断しても、自分で何かできるわけではないし。仮に判断しても、奉行所に反論したり逃がしたりできない。

S　なんていうかな。個人というものが目覚めかけようとするんだけど、それは結局押し込められていくような感じ。

T　そう読んでいくと、いちばん最後の「沈黙の二人」というのが……。

S　権力に対して疑問はもったけど、結局、それ以上は行けなかった。

S　ああ、そういう意味の沈黙か。なるほど。

S　自分が本来言いたかったことを押し込めているという感じ。でもそれも意識していなくて……、意識の奥深くにあるからね。

（注）

9　章末注（169ページ）を参照。

10　注４に同じ。

S　これ以上語るとやばいみたいな……。

S　権力に対する沈黙というのがまずあって、さらに話の流れとしては喜助と庄兵衛の話の交換がなくなったことも意味している。

授業の中で、「沈黙の人二人」の「沈黙」は、「喜助と庄兵衛の話の交換がなくなった」ことに加え、「権力に対する沈黙」としても読まれていった。「滑って行った」という語られ方も印象的である。「個人というものが目覚めかけようとするんだけど、それは結局押し込められていくような感じ」という発言は、〈個人がいかに個たりえないか〉という難問をわたしたちに考えさせる。また、「話の交換がなくなった」ということは、「町奉行の白洲」などとは異なった「出会い」の可能性を秘めた「高瀬舟」という場の中においてさえ、〈喜助と庄兵衛がいかに出会えないか〉という問題としても読めるだろう。そしてその問題は、根っこに喜助、庄兵衛、それぞれの認識も、二人がそこに生きる文化共同体の価値観に絡め取られてしまっていることを背景にもつ。認識の位相における〈自由と自立〉の問題がそこでは問われており、それが自由の森学園の生徒の問題意識の深部にはたらきかけていったように、わたしには感じられた。先述したように、それは「オオトリテエ」という近代語で語られることで、より一層近現代社会の問題として切実に迫ってくるのである。

第2章・章末注

注9

〈語り〉の構造については、角谷有一が「プロットの読みを深める」（注5）の中で、三好行雄「『高瀬舟』―研究史と作品論」（『別冊国文学37　森鷗外必携　一九八九・一〇』學燈社）を基点として、研究史を整理している。三好論の意義と問題点について論じたものであり、わたしも基本的には同様に考える。つけ加えれば、三好論の最も大きな魅力は、〈作者〉と「語り手」を同じものとして言い換えている点には今日から見れば賛同できないが、）庄兵衛と喜助、それぞれに属する「言述」は、「語り手によって構築された小説世界の枠のなかで、庄兵衛と喜助の語りに偽装した」語り手の「言述」であり、「喜助の陳述」は「庄兵衛によって相対化される」と同時に「庄兵衛の言述をその表層性をあばきながら喜助のそれが相対化しているという視点も可能である」とするところにあると思う。ところが三好以降の論は、ここで細かく論じる余裕はないが、例えば小泉浩一郎「『高瀬舟』論―〈語り〉の構造をめぐって―」（『近代日本文学の諸相』明治書院　一九九〇・三）のように「視点人物（庄兵衛）＝語り手」としてしまうために、庄兵衛を批評し、相対化する〈語り〉の機能を論じることができていない。〈語り〉をとおして喜助、庄兵衛の認識のありようを問うてこそ、権力構造の問題が見えてくるのである。

付記1

教材として用いたのは、一九九七年度版『新選国語二』（尚学図書）所収のものである。「高瀬舟縁起」は、教科書に収録されていないということもあるが、授業でもあえて取りあげなかった。作家による執筆動機の説明に頼らず、あくまでも作品そのものと向き合い、格闘していく過程を大切にしたいと考えたためである。

付記2

この章の初出である「状況に切り込む文学教育―森鷗外『高瀬舟』をめぐって」（『日本文学　二〇〇三・八』日本文

学協会）を発表後、さらにいくつかの教材論が出された。中でも、丹藤博文「他者の領分―『高瀬舟』の授業から―」（『日本文学　二〇〇五・三』日本文学協会）では、「庄兵衛を主題化した」授業を行ったにもかかわらず、論者の予想をこえて生徒の感想文が「喜助に強く印象づけられてい」たことから出発して、「権力からも金銭からも、そして生死からも超然とした喜助をとらえようとすること自体が大事」であり、「そのように語り手は仕向けている」と論じられており、喜助の位置について改めて考えさせられた。わたし自身は、本稿でも述べたように、〈語り手〉が喜助に長く直接話法で語らせたあとに「（喜助の話は）ほとんど条理が立ちすぎていると言ってもいいくらいである」と批評している点、最後の一文「沈黙の人二人を載せた高瀬舟は、黒い水の面を滑って行った」で喜助が庄兵衛と「沈黙の人二人」とくくられている点を読むかぎり、喜助もまた庄兵衛と同様に、権力構造、文化共同体の価値観に絡め取られてしまっている側面があることは否めないと考える。しかしながら、それは、喜助の弟に対する行為そのものも、文化共同体の価値観に絡め取られてしまっているということを表すものではない。むしろその逆である。喜助の行為は当時の法の概念からみれば（現在のそれに照らしても）「罪」であり、（〈語り手〉は注意深く、「科」としているが、）喜助は「罪人」とされる。しかし、それは「恐ろしいこと」ではあっても、喜助とその弟から見ればぎりぎりの「兄弟愛」の証でもある。その「愛」はむしろ、文化共同体の価値観あるいは法を超えている。

例えば、ある生徒が授業後、〈読み〉を振り返りつつ書いた文章の一部を紹介したい。

喜助は弟を殺したことを「恐ろしいこと」とは言うけど、「後悔している」ということは口には出さない。それはきっと弟への想いからだと思う。喜助はとても悲しいし、悔やんでもいるだろうけれど、それを言ってしまったら弟に悪い。というか、弟の死がムダになると言うか。うまく書けないけど、「おまえの死はわたしの生につながっているよ」と喜助が思うことが、せめてもの救いじゃないかなあ。喜助が明るい表情なのは、そんなこともあるのかもしれないと思う。

この生徒は、「おまえの死は私の生につながっているよ」と喜助が思っているから、「明るい表情」を浮かべていられるのではないか、と読んでいる。この「明るい表情」は、いわば世俗的な通念を超えたものであり、権力構造はこの喜助の内面までは踏み込めない。喜助は「お上」に自覚的に逆らうことはなく、その供述もおそらく奉行所で重ねて取り調べを受ける中で偏向《バイアス》がかけられている。その意味で言えば、権力構造に回収されてしまっている。しかしながら、喜助とその弟との「兄弟愛」はその次元をはるかに超えているのであり、そのことは権力というものの仮構性を暴くものにもなっている。権力構造との関係を考えるうえでも、その両面を読み取る必要があると、いま改めて考える。

第3章　井伏鱒二『山椒魚』の〈語り〉を読む
―「嘲笑」と「岩屋」をめぐって―

1　「学びからの逃走」問題の根底

いつごろからだろうか、「学びからの逃走」という言葉が、実感をもって教師たちから語られるようになった。「学びからの逃走」という言葉が照らし出す状況の奥底には、「学びの意味がわからない」という生徒の意識があったと考えられる。その意識のさらに内には、「自分にとっての意味をつかみたい」という、ある種の健全さもあるようにすら思われる。だから、生徒の意識を考慮せずに、教師が一方的に授業を進めていけば、生徒が学びの世界に入っていけないのはある意味で当然である。しかし、その一方で、「すぐに意味がつかめなければ、カンケイない」という、授業を「商品化」していく感覚もある。例えば内田樹は『下流志向』の中で、今の子どもたちが「労働主体というかたちで社会的な承認を得て、自らを立ち上げるという」機会を「ほとんど構造的に奪われて」おり、「消費主体として自己確立する」ことを「制度的に強いられてい」ることを指摘し、そのことと「学びからの逃走」をつなげて次のように述べている。

学校教育の場で子どもたちに示されるもののかなりの部分は、子どもたちにはその意味や有用性がまだよくわからないものです。当たり前ですけれど、それらのものが何の役に立つのかをまだ知らず、自分の手持ちの度量衡では、それらがどんな価値を持つのか計量できないという事実こそ、彼らが学校に行かなければならない当の理由だからです。

教育の逆説は、教育から受益する人間は、自分がどのような利益を得ているのかを、教育がある程度進行するまで、場合によっては教育過程が終了するまで、言うことができないということにあります。

しかし、消費主体として学校に登場する子どもたちは、そもそもそのような逆説が学校を成り立たせていることを知りません。

内田樹『下流志向』(注1)より

しかし、内田も同書で指摘するように、このことは当然、子どもたちの責任ではない。「消費主体として学校に登場する子どもたち」が民主主義を担う〈主体〉として生まれ変わるためには、学びの過程の中で、世界が新たに見えてくることを実感できるような授業がつくられなければならないだろう。そのような授業がなされたとき、子どもたちの「度量衡」そのものが、事後的に変わっていくのである。(注2)

しかし、事態はそのようには動いてはいないように感じられてならない。あい変わらず、生徒の参加を全く度外視した「伝達・注入」型の授業が残存する一方で、他方では、ひたすら生徒の感覚に迎合し、「どのようにしたら、

（注）
1　内田樹『下流志向』講談社　二〇〇七・一
2　章末注（238ページ）を参照。

手ばやく『おもしろい』と思わせることができるか」という、わたしたち教師による授業や教材の「商品化」という現象も起きているのではないだろうか。皮肉なことに、生徒一人一人の「学び」を「保証」するという言説が、授業や教材の「商品化」と癒着してしまうという事態を引き起こしていたともいえる。かつてのわたしの実践を振り返っても、生徒をあせって授業にひきつけようとするあまりに、生徒の認識にはたらきかけることよりも、発言や作業など、とにかく「活動」に重きをおいていくような傾向があったように思う。自ら省みれば、それは「学びからの逃走」状態に、きわめて表面的、対症療法的に対応しようとするもので、問題の根本を見えにくくさせてしまったように感じられる。

ここで「文学教育」について考えてみたい。「学びの意味を自らつかんでいく」、つまりは「与えられた正解はない」ことを旨とする自由の森学園では、文学作品についても、一つの絶対的な読み方が存在するのではなく、「読みは人それぞれの『自由』」なのだというレベルでの「正解到達主義批判」が、いわば大前提であった。それは、これまで述べてきた「一人一人の学びを保証する」という言説と一体のものであったともいえよう。しかし、Ｉの第1章（20ページ）でも述べたように、「〈読み〉は人それぞれ」として、「『人それぞれ』に決まっているものを、なぜみんなで読まなければならないの？」という疑問や、「『〈読み〉は人それぞれ』としても、それにはある『枠』があるはずであり、文を『正しく読み取ったうえ』でのことではないの？」という不満、あるいは「『正しく読み取ったうえ』とはどういうことを意味するの？」という反論は、有形無形に生徒から発されていたのである。生徒は、「読むことの根拠」と「文学教育の根拠」を問うていたのであるが、わたしの側に、それに実践で答えるための原理的な考察がなかった。要は「正解」や「正しさ」をめぐる議論を、バルトの「還元不可能な複数性」（文章に戻ることはできない）という徹底した次元で考えられていなかったのである。そのことはＩの第1章第3節で詳しく書いたので、ここでは繰り返さない。ただ、今もしこれらの疑問や反論に「ある程度までわかりやすく「理屈」で「答える」ならば、とりあえず次のように言うだろう。

「文章は、一人一人に読まれなければ意味をもったものとして表れてこない。読まれた時には、それぞれの人の〈文脈〉（『読み方』や『見え方』）が生まれてしまうから、作品の読みにそもそも『正解』はなく、『正しく読み取る』ということもない。しかし、自分の『読み方』（見え方）よりもよりインパクトのある読み方が、授業の中でほかの生徒や教師から生まれてくる可能性はいつもあるし、自分の『読み方』（見え方）がさらに深くなっていったり、劇的に変わっていったりすることだってある。『〈読み〉は人それぞれ』というのは前提にしかすぎない。問われているのは『正解』ではなく〈価値〉である。だから、みんなで読む。その際、登場人物と『あらすじ』だけで読まずに、〈語り手〉がどのように語っているかを、なぜそのように語るのかを、みんなで考えていくことが大切。そして、〈読む〉ことに、終着点はない。考えることに終わりはないから、読むたびにもっと深く考えられる。」

しかし、実際の授業では、むしろこういうことが「理屈」ではなく、〈読む〉という行為の中で、生徒に実感されていくことのほうが重要である。ただ、そのためには、教師の側に「読むことの原理性」についての考察が必要だということを、経験的に思うのである。そして、その構えを、教材研究から授業の実際、まとめまで貫くことこそ、「学びからの逃走」問題と正面から対峙するための核心と考えるのである。

日本文学協会国語教育部会では、この「読むことの原理」、つまり、「〈読み〉の根拠」「文学教育の根拠」という「二つの根拠」の問題を、以下のように議論してきた。このことも、Ⅰの第1章で詳しく論じたことだが、「学びからの逃走」問題に切り込むためには、「根拠」の問題がきわめて重要なので、ここで簡単に振り返っておきたい。

一つめは、読み手という主体と、客体としての作品という二項の布置ではなく、その外部に「〈原文〉という第三項」を想定することである。二項の布置を前提として、客体の作品を実体と考えてしまうと、そこには「正解到達主義」か、あるいは「人それぞれの『正解』を認める」という「正解到達主義批判」を装った「正解の温存」が起きてしまう。かといって、完全な非実体ととらえてしまえば、全く根拠を問えない真性のアナーキズムに陥ってしまうのである。しかし、「〈原文〉という第三項」という概念装置は、その双方の問題を超えていく。〈原文〉自体は到達不可能であるが、影として〈本文〉に〈実体性〉をもってはたらき、読み手のフィルターとの間に葛藤を起こし、〈本文〉を組み替え続けていく。別の言い方をすれば、これは前述した「還元不可能な複数性」をいったん引き受けたうえで、真性のアナーキズム、虚無の世界を極点で超えていこうとすることなのである。

二つめは、「文学教育の根拠」につながる問題として、〈機能としての語り手〉と登場人物の相関、特に〈わたしのなかの他者〉〈自己化された他者〉の問題を、概念装置として設定された了解不能の《他者》との相克《そうこく》の中で読むことにより、読者自身の認識のありようを問うていくことである。これが「文学教育の根拠」の直接のよりどころとなる。なぜなら、〈語り〉を読むことによって見えてくる登場人物における〈わたしのなかの他者〉の問題、つまりは認識のありようの問題が、読書行為の中で反転して、読者自身の〈わたしのなかの他者〉の問題、あるいは〈わたしのなかの文脈〉の問題を撃ち、読者が文学作品をはじめとして、世界を見、読み取っていくその認識の枠組みそのものを問うていくからにほかならない。つまり、「自らの読み」を読み、問い直し続けることによって、文化共同体に拘束された認識のありようを超えていこうとすることが可能なのである。別の言葉で言えば、〈わたしのなかの他者〉〈わたしのなかの文脈〉を倒壊しようとし続けていくことはすなわち、「自己を問う」ことであり、〈価値〉を模索していくことである。その時、一見しただけでは「カンケイない」と思っていた世界に対する自己の「ものの見方」が問われ、切実なものとして見えてくる。「文学の力」「教材の力」が、

「学びからの逃走」問題に対して生命力を発揮する瞬間である。そして、〈価値〉を模索し合い発見していくことは、個から出発して、〈公共性〉を模索していくことでもある。

さて、これまで述べてきた問題意識に基づいて、本稿では、井伏鱒二『山椒魚』の授業実践を報告したい。まず、『山椒魚』がこれまでどのように読まれてきたか、わたしなりに整理したうえで、「これからの文学教育」をひらく教材研究について論じたいと思う。

2 『山椒魚』研究史にまつわる問題

『山椒魚』は、一九二三（大正一二）年七月、同人雑誌「世紀」創刊号に『幽閉』という題で発表されたあと、一九二九（昭和四）年五月に全面的に改稿され、『山椒魚 ―童話―』と改題、「文藝都市」に掲載された。その後も改稿は繰り返され、一九六四（昭和三九）年、『井伏鱒二全集 第一巻』（筑摩書房）で一応の「定着」は見られたものの、一九八五（昭和六〇）年に、『井伏鱒二自選全集 第一巻』（新潮社）において、有名な末尾の「和解」部分の削除が行われた。ただし、一九九三（平成五）年の井伏の死後、新たに一九九六（平成八）年一一月に刊行された『井伏鱒二全集』（筑摩書房）では、再び改稿前のものが採用された。以上をふまえたうえで、文学教育の分野における難問として、それまで一九六四年の「『全集』版」を教材本文として読んできた生徒、教師あるいは教育関係者が、末尾部分の大幅な削除がなされた一九八五年の「『自選全集』版」を、いかに扱うかということがある。

まず、『自選全集』による末尾部分の大幅削除がなされる前までの、研究史の動向を概括しておきたい。それまで独立した「作品論」として論じてこられなかった『山椒魚』は、昭和三十年代に入り、中村光夫「井伏鱒二論（一）—自然と人生—」で、「動かしやうのない人生の現實にたいして、虚勢を張りながら無力を自認せざるを得ない、自己の精神の戯画」「自然の法則を不當なものと感ずるところにあらゆる人間的思考の（あるひは社會生活の）出發點がある」[注3]など、山椒魚の認識の問題を論じる形で表れた。その後、米田精一による「幽閉」本文の発掘や、太田三郎による「井伏鱒二『山椒魚』評—チエホフ『賭』との関連から—」など、『山椒魚』成立にかかわる重要な発見はあった。しかしながら、その「読まれ方」の多くは、例えば、関良一のように結末部の山椒魚と蛙のやりとりを「時流に近づき、そこで才華にものをいわせようとする自身の野心なり焦慮なりを一たんは呪縛し、克服し、やがてそれと和解するという内面の体験と照応しているのではないか」[注4]とするものや、大越嘉七が「両者が共に運命共同者としての認識に到達することによって、二年間の口論の幕は閉じられる。そこには憎悪の対象としての『悪党』は存在しない。（中略）『岩屋』（自然）の厳しさが、限りない労《いたわ》りの気持（運命を彼等に発見させたのである」[注5]と論じるよう、「和解」「運命共同者」などの〈調和〉を読み取るものだったようである。関谷一郎による「『幽閉』では山椒魚のみならず語り手も物語を生きる主体であったものが、『山椒魚』では語り手が物語を生きる側から見る側へと移行しているのであり、そこにこそ井伏文学特有の徹底したカリカチュア（戯画）やイロニー（風刺）が生ずるのであり、アレゴリー（寓話）への道もそこから開けていくのである。」[注6]という興味深い指摘もないではないが、大筋としては、東郷克美のように「現実という動かしがたい『岩屋』といかに折り合いをつけて、破滅することなく自己を生かして行くかが、彼の最大の課題であった」「特に重要なのは、『山椒魚』終末部に、『幽閉』にはなかった、山椒魚と蛙の対立から和解に至る二年余の時間が付加されていることだろう。これこそ両作発表の間に、井伏自身の上に流れた、絶望から諦念へという苦渋にみちた時間の表象に他なるまい」[注7]という「読まれ方」が主流だったように思われる。

一九八五年一〇月、『井伏鱒二自選全集』が刊行された。そこでは、『山椒魚』の結末部、「ところが山椒魚よりも先に、岩のくぼみの相手は、不注意にも深い嘆息をもらしてしまった。……『今でもべつにお前のことをおこってはゐないんだ。』」という、「和解」として読まれてきた末尾が削除され、その「覚え書」には、「後年になつて考へたが、外に出られない山椒魚はどうしても出られない運命に置かれてしまつたと覚悟した。『絶対』といふことを教へられたのだ。観念したのである。」という井伏の言葉が付された。この大胆ともいえる改稿は大きな反響を呼び、例えば、野坂昭如「これまで『山椒魚』を読んだ人間はどうするのですか。文学作品というものは、読者を無視して、そんな風に勝手なものですか」[注8]に代表されるような抗議、あるいは「作品はいったい誰のものなのか」という議論が巻き起こった。その中で、鈴木貞美は改稿をいわゆる〈読み〉の問題として扱い、「瀕死の小動物の吐息がそれとして書かれなくなったことにより、表立ってあった悲惨さが消えた。同時に、慰めに似た感情を覚えさせるような叙述も消えた。ここでは、二重の感情の消去が行われたのである。その意味でここで行われたことは、非情の徹底に外ならない」[注9]と論じた。また、作品としての旧稿と新稿の優劣をめぐる議

（注）

3 中村光夫「井伏鱒二論（一）―自然と人生―」（「文学界　一九五七・一〇」文藝春秋）
4 関良一「山椒魚（二）〈近代小説鑑賞11〉」（「国文学言語と文芸　一九六一・三」明治書院）
5 大越嘉七「井伏鱒二『山椒魚』―井伏文学の象徴―」（「研究と評論10　一九六三・一二」法政大学第二高等学校）
6 関谷一郎「『山椒魚』」（「国文学解釈と鑑賞　一九八五・四」至文堂）
7 東郷克美「井伏鱒二の形成」（「国文学解釈と鑑賞　一九八五・四」至文堂）
8 野坂昭如「窮鼠のたか跳び112　井伏鱒二先生に　小説『山椒魚』の改変に異議あり」（「週刊朝日　一九八五・一〇・二五」朝日新聞社）
9 鈴木貞美「非情の完成―『山椒魚』の改稿をめぐって」（「新潮　一九八六・二」新潮社）

論も活発化、例えば川崎和啓は、「『全集』版」に存在した、「〈自然〉の営為に重ねられた精神や〈成熟〉がもたらす和解の仕方」が、改稿後の「『自選全集』版」では、「『人間の絶望』の姿」が「山椒魚と蛙の恒久的な不和と葛藤の世界として示され」ており、「私たち日本人が長い年月をかけて築きあげてきたきわめて自然な、そして、たぶんきわめて高度な文化的在り様」としての「〈成熟がもたらす和解〉という伝統的な感性の枠組みの中から、不和と緊張がもたらす永続的な不安の中へ、突然抛《ほう》り出されてしまうことになった」[注10]と指摘した。「『全集』版」に「語り手の自己分化」を見、そこに「井伏文学特有の徹底したカリカチュア（戯画）やイロニー（風刺）が生ずる」としていた関谷一郎も、改稿後の「『自選全集』版」については、「作中の山椒魚と蛙、両者のあり方としては共に沈黙を保つ方が、あるいは蓋然性が高く現実的かもしれない」としつつも、「作品として見た場合、未成品の印象を免れ難い。落ちのつかない落語を聴かされているようなもので、作品の完結感を欠いている」[注11]と批評している。

そうした状況の中で、田中実は逆に、「『全集』版」における「和解」の内実を問うている。「和解に見え、結果として『友情に似た思い』が生れたのは、彼らが己れの置かれている極限的状況を忘れ、岩屋の持つ絶対的状況を回避したために起こったことだった。彼らが感じた『友情に似た思い』を感じるのは閉塞された状況に対する弱々しい諦め、エネルギーの枯渇による生の衰弱、一種の絶望的状態を彼らが体現していたからに外ならない。小説の根底は、山椒魚のこの意識の動きをつきぬけた状況の事実—幽閉下における〈自由〉の問題、そこでの〈自由〉はいかにして可能か、すなわち悪党になろうとする己れの性向を超えさせるもの（価値）は存在するか—であり、それに対する〈語り手〉の認識の透徹さ、あるいはいかに批評するかが肝心だったのであ」り、「蛙との間に真の〈対話〉、ダイアローグが生れてくるには、プロットの果てが互いに相手を了解しあう「和解」（自己内対話）で終るのでなく、相手の嘆息を窺《うかが》い、相手を自己の内に抱えながら、自己の境遇、「巨大な暗やみ」、「深淵」、「神様」と対峙し、〈自己内対話〉を超えた《対話》、《他者》との対話へと向かう必要がある」（注12）と「『自選全集』版」を逆に高く評価した。

このあとも、改稿問題をめぐっての議論は続けられている。しかし、「『岩屋』に幽閉された状況における〈自由〉」の問題、「《他者》という出口」という問題はその後、どこまで深められているのだろうか。例えば、日置俊次は、「山椒魚の裸身に息づくエロチシズムとユーモア、『哀れ』的情感のせめぎあいという井伏文学に固有な主調低音は、《和解》の場が消えたという理由で『絶望』という一色に塗り潰《つぶ》されてしまうものではないだろう」（注13）と、田中論とはまた異なる立場で、改稿により絶望が拡大したという見解に異論を唱えるが、山椒魚の認識のありようにまつわる問題は問われていないように思われる。また、佐藤嗣男は、「基本型『山椒魚』（「『全集』版」のこと　筆者注）における《山椒魚と蛙の構図》の発見は、山椒魚自身にもわからぬ悪党性や連帯志向が蛙という〈からみ役（狂言廻し）〉の出現によって自覚可能となること、また、真に相手をくぐることで対話が実現し仲間の発見が可能となることなどを明らかにしている」（注14）としているが、「『全集』版」において被害者と加害者の立場の違いを問わずに「真に相手をくぐることで対話が実現」したと言ってよいのか、大きな疑問を感じる。一方、戸松泉

（注）

10　川崎和啓「『山椒魚』の成立と『賭』—昭和六十年版『山椒魚』への道—」（『昭和文学研究19　一九八九・七』昭和文学会）
11　関谷一郎「『山椒魚』『鯉』『屋根の上のサワン』—〈関係性〉の劇」（関谷一郎『シドク—漱石から太宰まで』洋々社　一九九六・一二）
12　田中実「《他者》という〈出口〉—井伏鱒二『山椒魚』」（田中実『小説の力—新しい作品論のために』大修館書店　一九九六・二）
13　日置俊次「井伏鱒二『山椒魚』論」（『日本近代文学　一九九一・一〇』日本近代文学会）
14　佐藤嗣男「『山椒魚』」（『国文学解釈と鑑賞　一九九四・六』至文堂）

は、繰り返される「改稿」の過程の中での、「語り手」が「『世界』をどう把握しているのか、その判断」を示すことばが揺れ続けていることに着目し、「作品冒頭の悲嘆を洩《も》らす山椒魚の『今日』と、昨日までの、うっかり怠惰に暮らしていた『二年間』の山椒魚の生活と、どれほどの違いがあったのか、とまず問いたい。実のところなにも違いはないのである」「そうした認識の上でこそ、一匹の肥大した頭をもつ、すなわち観念に縛られた頭でっかちな、『発狂した』山椒魚が登場することの意味がある」[注15]と、山椒魚の認識を直接問題にしており、示唆的である。だが、結末部については、蛙は「最初から」山椒魚のことを「怖れ」「信用していないだけ」だと「言っている」のであり、「和解」と読むことそのものに疑義があり、むしろ「〈削除〉前本文の方が、はるかに奥深いもの」（傍点筆者）で、「〈削除〉したのは、読者の『誤読』の山に」井伏が「〈注釈〉を加えた」結果だとする。[注16]「和解」が真の「和解」となっていないということについては同感である。しかし、わたしは「『自選全集』版」の最後に「黙り込」み、「嘆息が相手に聞こえないように」注意し、「観念」することによって初めて認識がひらかれてゆく可能性をこのあとにみたい。そのようなわたしの立場からすると、戸松の論の中で、結末部の〈削除〉前の「『全集』版」のほうが山椒魚の〈戯画〉が一層深いものになり「はるかに奥深いもの」になるという点、また、その前の部分で「目を閉じるという単なる形式が、巨大な暗闇《やみ》を決定してみせたのである」という時点で「初めて不条理と向き合い」、「孤独のなかで存在論的『深淵』と向き合う山椒魚」[注17]とみる点については、同意できないのである。

3　教材としての『山椒魚』

■『山椒魚』の教材価値はどのように論じられてきたか

ここでは、教材としての『山椒魚』はどのように扱われてきたのかということについて、整理してみたい。今回わたしが、過去の特集や教材論などをとおして気づかされたのは、「教材としての価値」が論者によって全く異なるということである。例えば、「月刊国語教育　一九八六・四」（東京法令出版）では、「井伏鱒二の魅力」という特集を組んでいるが、その座談会「教材としての井伏文学」（紅野敏郎・成清良孝・花田修一、及び北川茂治・司会）において、成清は、「扱っていてちっとも子供の反応の手応えというものが伝わってこない。特に『山椒魚』は私自身もよく分からないですね。（中略）学校の授業で扱う場合には、井伏さんの作品というのは非常に技術的にむずかしいんではないかと思いますね。というのは、むき出しのエネルギーがないというか、いかにして生くべきかというのがむき出しになっていませんね」と断じている。さらに、これは有名な「改稿」を経たのちのものであるが、同じく「月刊国語教育　一九九四・六」（東京法令出版）の座談会「井伏作品教材化の新たなる可能性」（東郷克美・岩田道雄・町田守弘）でも、岩田は、「『山椒魚』の状況や孤独というのも、今の子どもたちには理解できないでしょうね。今の子どもたちだったら、たとえどんなに傷つこうと、出口にぶつかっていくか、自分が死んでも出ていこうとするというような生き方を望むんです。だから、あの『山椒魚』の孤独や悩みというのは、やっぱり分からないでしょうね」と、懐疑的である。逆に佐藤学は、「教師と生徒の誰もが『山椒魚』と同じように『幽閉』された『岩屋』を生きている。そのリアルな生活感情が掘り起こされ交流されれば、そこにこの作品の文学の言葉の生命力が息づいてくるに違いない。（中略）文学の教育は言葉の教育であり、日常生

（注）

15　戸松泉「注釈としての〈削除〉―『山椒魚』本文の生成について―」（「日本近代文学69　二〇〇三・一〇」）

16　注15に同じ。

17　注15に同じ。

活の感情や意味を文学の言葉で豊かにする教育である。『山椒魚』は、その格好の教材と言ってよい。[注18]」と、その教材価値を高く評価する。このような違いは、いったいどこから生まれてくるのだろうか。

■『山椒魚』はどのように読まれているか。

その際、「読まれ方」の問題を看過することはできないだろう。そこで、ここではまず教科書における『山椒魚』採用の動向と、授業のつくられ方に大きな影響を及ぼすと思われる「学習の手引き」や「指導資料」の扱いを調べてみたい。

まず、佐藤学が「それにしても、井伏の文章は、どうして教科書から次第に姿を消しているのだろうか。[注19]」と嘆く状況の中、高等学校国語教科書で近年『山椒魚』を掲載したものは、管見によれば、一九九九年度版「新編国語Ⅱ」（東京書籍）、一九九九年度版「精選現代文」（右文書院）、二〇〇〇年度版「精選現代文」（教育出版）、二〇〇四年度版「新編現代文」（東京書籍）、二〇〇八年度版「新版現代文」（教育出版）などである。なお、ここにあげた五点はすべて〈削除〉前の「『全集』版」を本文としている。

そのうえで、「『全集』版」を底本とした『山椒魚』は、学校現場においてどのような「読まれ方」をしているのだろうか。例えば、二〇〇四年度版「新編現代文」（東京書籍）の作品末に添えられている「学習」（「学習の手引き」のこと）は、おおよそ次のようなものである。

学習A

1　「山椒魚は悲しんだ。」とあるが、なぜ「悲しんだ」のか。

２　次の**１**、**２**について確かめてみよう。

１　山椒魚の目の前に、どのような小動物が現れるか。

２　山椒魚の周囲には、どのような植物が生えているか。

学習Ｂ

１　この小説は七つの部分に分けられているが、順を追って、山椒魚の心情がどのように変化していくか、整理してみよう。

２　次の**１**、**２**の山椒魚の言葉は、だれのどのような状態に向けられたものか。また、こうした言葉は、山椒魚にとってどのような意味を持つことになるか。

１「なんという不自由千万なやつらであろう！」

２「くったくしたり物思いにふけったりするやつは、ばかだよ。」

３　次の会話は、山椒魚と蛙との関係が、蛙の出現以来どのように変化したことを表しているか。考えてみよう。

よほどしばらくしてから山椒魚はたずねた。

「おまえは今、どういうことを考えているようなのだろうか？」

相手は極めて遠慮がちに答えた。

（注）

18　佐藤学「井伏鱒二『山椒魚』を読み直す」（田中実・須貝千里編『〈新しい作品論〉へ、〈新しい教材論〉へ　小説編３』右文書院　一九九九・六）

19　**注18**に同じ。

「今でもべつにおまえのことを怒ってはいないんだ。」

4　この小説にはどのような寓意が感じられるか、各自の生き方や考え方に触れながら、六百字程度の文章を書いてみよう。

表現と言葉

1　「諸君は」、「どうか諸君に」と語りかけている部分について、その表現効果を考えてみよう。

2　「全くえびくらい濁った水の中でよく笑う生物はいないのである。」とあるが、えびの形態や動作を考慮に入れて、その表現効果を考えてみよう。

先走って言うと、これらの問い方には次のような問題があると思われる。

①　「何が書かれているか」という「物語内容」にとどまり、「どのように語られているか」ということが看過されていること。特に、山椒魚の言動を読み込むことを中心とした主人公主義的な読まれ方になっていること。

②　読者に語りかけている部分が単なる表現効果の問題に閉じ込められていて、〈語り手〉の意図をどのように読み取るかという〈読み〉の問題と結びついていないこと。

③　(『全集』版)を扱っているということもあり)蛙と山椒魚の「和解」の場面を読み取ることが重視(期待)されていること。(注20)

■『山椒魚』の教材価値を引き出す「読み方」を考える

例えば、「学習の手引き」でも採り上げられている一つの場面をあげて考えてみたい。

多くのめだかたちは、藻の茎の間を泳ぎ抜けることを好んだらしく、彼らは茎の林の中に群れをつくって、互いに流れに押し流されまいと努力した。そして彼らの一群れは右によろめいたり左によろめいたりして、彼らのうちのある一匹が誤って左によろめくと、他の多くのものは他のものに後れまいとしていっせいに左によろめいた。もしある一匹が藻の茎に邪魔されて右によろめかなければならなかったとすれば、他の多くの小魚たちはことごとく、ここを先途と右によろめいた。それゆえ、彼らのうちのある一匹だけが、他の多くの仲間から自由に遁走《とんそう》してゆくことは甚だ困難であるらしかった。

山椒魚はこれらの小魚たちを眺めながら、彼らを嘲笑《ちょうしょう》してしまった。

「なんという不自由千万なやつらであろう！」

二〇〇四年度版「新編現代文」（東京書籍）より

群れをなして行動する「めだかたち」に対して、「なんという不自由千万なやつらであろう」と、山椒魚は言う。しかし、会話の奥にも〈語り手〉は隠れているのであり、〈語り手〉は山椒魚にこのように語らせながら、物語を進行させているのである。一方、〈語り手〉自身は「山椒魚はこれらの小魚たちを眺めながら、彼らを嘲笑してしまった」と山椒魚を評していることになる。逆に、「めだかたち」の「群れ」は「互いに流れに押し流されまいと努力」するためのもの、いわば生きるための営みとして語られてもおり、そうした「めだかたち」のことを、「今はもはや、彼にとって永遠のすみかである岩屋」に「幽閉」されている山椒魚が、「嘲笑」するというの

（注）
20　章末注（239ページ）を参照。

は、自分のことを棚上げしたものに過ぎない、という判断を〈語り手〉がしていることが、ここからは読み取れる。「嘲笑してしまった」という語り方にも、山椒魚の「ものの見方」が批評されていることがみてとれよう。同じことが、「めだかたち」だけに対してではなく、山椒魚の「小えび」に対する「虫けら同然のやつ」という言い方や、周囲に生えている植物の見方に対してもいえる。

　岩屋の天井には、杉苔と銭苔とが密生して、銭苔は緑色の鱗《うろこ》でもって地所とり（小児の遊戯の一種）の形式で繁殖し、杉苔は最も細くかつ紅色の花柄《かへい》の先端に、可憐《かれん》な花を咲かせた。可憐な花は可憐な実を結び、それは隠花植物の種子散布の法則どおり、まもなく花粉を散らし始めた。

　山椒魚は、杉苔や銭苔を眺めることを好まなかった。むしろそれらを疎んじさえした。杉苔の花粉はしきりに岩屋の中の水面に散ったので、彼は自分のすみかの水が汚れてしまうと信じたからである。

二〇〇四年度版「新編現代文」（東京書籍）より

この箇所でも、山椒魚の外界に対する「ものの見方」の問題点を〈語り手〉がほのめかしているように思われる。〈語り手〉は、「苔」のことを、山椒魚にとっては「自分のすみかの水」を「汚」してしまうものとしかとらえられていないように語る一方で、〈語り手〉自身は、「杉苔は最も細くかつ紅色の花柄の先端に、可憐な花を咲かせた。可憐な花は可憐な実を結び、それは隠花植物の種子散布の法則どおり、まもなく花粉を散らし始めた」と、「苔」にも生命の営みがあることを、描いていくのである。この落差の中に、山椒魚の認識のありようの問題点が、浮かび上がってくる。「なんという不自由千万なやつらであろう！」と、自身は近代の理念である「自由」と「独立」にこだわり、プライドの強さを示すが、その裏側には、「めだか」や「苔」や、「小えび」などにもそれぞれの生命の営みがあることが見えてこないという認識の問題点が、貼りついている。逆に言えば、それぞれの種の必死な生命の営みが見えないことと、山椒魚が自らの置かれている状況を凝視できないでいる問題とは、つながっているのである。そのように読んでいくことによってこそ、山椒魚の問題を、読者が自分自身の問題としてとらえていくことが可能になるのではないか。

わたしが今回、『山椒魚』を教材として取り上げた意図、あるいは『山椒魚』の教材価値をどのようなところに見いだしたかは、以上に述べたところに端的に表れている。『山椒魚』の外界に対するものの見方、さまざまな生命の営みが見えてこないという認識のありよう、また自己を見つめるまなざしの不徹底さは、〈語り手〉が山椒魚の認識をどのように語っているかということを追ってこそ見えてくる。また、〈語り手〉が、先ほどの「嘲笑」という言葉を再度用いて、直接わたしたち読者に対して語りかけてくる箇所、「諸君は、この山椒魚を嘲笑してはいけない」という一文は、あとの実践記録の部分で詳しく考察するが、わたしたち読者自身が立つ位置を厳しく問うてくる。

それは、わたしたち自身の「ものの見方」あるいは〈わたしのなかの他者〉の問題、さらには自由の森学園がめざすところの「自由と自立への意志を育てる」という理念の「自由と自立」の「内実」を問う問題、あるいは肥大化した「近代的自我」にまつわる問題を問うことにつながってくるとわたしは考える。例えば、山椒魚の外界に対する認識のありように潜む問題点は、そのまま現代を生きるわたしたちの姿、すなわち、自分の中に映った世界の姿を問い直すことをせず、すべてを自らを取り巻く世界（学問、人間、できごと）の問題にして「価値がない」「カンケイない」などと「嘲笑」してしまいがちな生徒やわたしたち自身の姿と共通しているのではないか。

以上にあげたように、本稿では、〈語り手〉が山椒魚をどのように語っているか、またこの物語内容を語ることでどのような世界を見せようとしているのか、を読んでいくことにより、山椒魚の認識のありようの問題を、読者自身の認識の問題に反転させていくことをねらいとした授業実践を紹介し、その生徒の読みの中から、「これまで」の『山椒魚』の「教材としての読まれ方」を問い、新たな教材価値を模索することを試みたい。

なお、教材として用いたのは、「和解」の場面を削除した「『自選全集』版」を本文とする、一九八八年度版「標準国語一」（尚学図書）である。（現在は使用されていない。）そのテキスト選択の理由についても、実践の紹介の中で論じていきたい。

4　授業でひらかれる〈語り〉

ここでは高校三年生を対象とした必修授業の様子を紹介したい。なお、自由の森学園では二時間あわせて一コマとし、ゆっくりした時間の中で相互に意見を出し合いながら授業を進めていくように心がけている。

1時（1回め）

まず最初に一回めとして、授業の後半の一時間をかけて、末尾部分が削除された「『自選全集』版『山椒魚』」（一九八八年度版「標準国語一」尚学図書）を読んでもらった。

初読の感想としては、例えばこのようなものが出された。

「山椒魚は頭が悪そうな印象がまずあるけれど、この話の前後が書かれていないために、山椒魚のバーカとも言いきれない。」

「意味不明な話。」

「この小説は、主人公の山椒魚を何か現実世界の人間に見立てているように思う。だからと言っても、具体的にどんな人間か、と問われるとかなり難しい。」

「小魚たちを笑う山椒魚の姿は自分の姿を客観視できない、『ある状態』である。」

　書かれている内容、特に山椒魚に対して、無関心ではない様子がうかがわれる一方で、自分が作品のどのようなところにひきつけられているのか、その「感動の在処《ありか》」[注21]はまだとらえることができていない。例えば最後にあげた「山椒魚の姿は自分の姿を客観視できない、『ある状態』である」という言い方は、興味深く思い、可能性を感じると同時に、初読時の限界も表れていると感じた。生徒は多くの場合、初読時には、小説を主人公主義で読んでいるために、主人公を含めた登場人物がいかに語られているか、ということを言語化することはなかなかできないのである。「いかに語られているか」を意識的に読む中で、それが自らの立つ位置をも問題化するものであることに気づき、自分が作品になぜひきつけられていくのかを言語化することができると思われる。それは自分が見えてくる瞬間でもある。そのようなねらいから、授業者から意識してほしいこととして、次の四つの観点を提示した。

Ⅰ　〈語り手〉は山椒魚をどのような問題をもった存在として語っているだろうか。

Ⅱ　「岩屋」とは何か。また、「頭が出口につかえて」「岩屋」から出られなくなった状態とはどういう状態か。

（注）

21　章末注（239ページ）を参照。

Ⅲ　〈語り手〉はなぜ、わたしたち読者に直接「諸君は、この山椒魚を嘲笑してはいけない」と語りかけてくるのだろうか。

Ⅳ　「山椒魚と蛙のやりとり」と、結末部を、どのように読むか。

2・3時（2回め）（観点Ⅰ、Ⅱを中心に）

初読の感想を簡単に振り返り、教師の観点も示して作品を再読した。

記録はテープで録音した。ただし紙数の都合で部分的に削除したところもある。傍線は筆者によるものである。

T　なんか考えたことある？　山椒魚はどんなやつとして語られているだろう？

「意地っぱり」

「狭い所に閉じ込められていると、おかしくなる」

「蛙のことをばかにするけど、自分も出られないわけで、そこが何かひっかかる」

「最後の蛙と山椒魚の会話が気になる」　などの反応

S　これってなぜ出られなくなるの？

T　そうだね。大切な問いだね。

S　最初は山椒魚のことだけ言っているじゃん。山椒魚の様子じゃん。けれどだんだん人間の立場のことになってきてる感じがする。

S　〈語り手〉が途中から、山椒魚のことではないことを語り出している感じがする。

S　もう一個あるんだけれど、小魚たちが右行ったり左行ったりするのを、ひがんでるわけじゃん。「ばかなやつ」だとか言いながら、一方では「寒いほど独りぼっちだ！」とか言うわけで。仲間に入れないというか、輪の中で暮らしていけないというか。

T　小魚の群れの中に入れない。なるほど。

S　引きこもりじゃないけれど、人間の世界にすると、そんな感じのような……。自分が入り込めない、ちょっと複雑な……。

T　そうだね。どれも考えるヒントになりそうなんだけれど、どれから考えようか。めだかの話あたりから考えていこうか？　めだかたちのことを山椒魚は、「なんという不自由千万なやつらであろう！」と言っているけれど、これは何をもって、「不自由千万なやつら」と言っているのだろう？

S　群れじゃないといられないというところ。ほかのあとをくっついているところ。

S　一人になれないというところ。

T　それは同じことを言っているのかな？

S　同じなんだけれど、追っていって結局みんなと同じことをしているというのもそうなんだけれど、一人になろうとしないことを「不自由千万」と言っている。

T　山椒魚は「不自由千万なやつら」と言っているけれど、「不自由」の中身は、群れて右往左往している、一人になれない、ということ……。こうした見方をめだかに対してもつ山椒魚に対しては、みんなはどう思う？

S　逆なんじゃないかと思う。めだかに対して思う逆。山椒魚は群れになれないし。わたしは山椒魚もめだかも全部人間のことを置き換えているんだと思った。めだかは普通にいるような人たちのことで、山椒魚はどこかで孤立しているような感じがある。山椒魚はもしかしたら、自分の意志がすごく強くて逆に相手の意見を受け入れられない人のような感じがする。対話ができない。自分の思いだけを、ワーって言っている人のような感じがする。

T　みんな、今の意見わかる？　めだかのことを不自由だと言っている山椒魚は、逆にめだかを受け入れられない存在なのでは、ということだと思うのだけれど。

S　ばかにしているだけで、受け入れられないというのとはちょっと違うような。寂しいくせに我慢しているようなところもある。

S　うらやましいのと皮肉みたいのが入り交じっているような感じもする。

S　あたかも自分が好んでいかないように見せかけているだけで、強がっている感じ。

T　みんなわかる？　ほかにはどうですか？　「なんという不自由千万なやつらであろう！」の前に「嘲笑してしまった」とあるが、「嘲笑」という言葉、わかりますか？

S　あざけ笑う。

S　それに関してすごく気になるところがあって「嘲笑」という言葉がもう一回使われていて、「諸君は、この山椒魚を嘲笑してはいけない。」

T　みんなどこのこと言っているかわかる？　二ページめの上の段のところ。〈語り手〉が読者に直接メッセージを送っているところだけれど、確かに気になるね。またあとのところで考えようね。それから、今やっているところでも、山椒魚は「嘲笑してしまった」というのは、〈語り手〉が山椒魚の様子を言っているのだけれど、〈語り手〉は山椒魚のことをどのように見ているのだろうか。

Ｓ　二ページめのところを見ているのと、かわいそうと見ているのではないかと思う。「了解してやらなければならない」とかは、〈語り手〉が思っていることじゃん。山椒魚の気持ちをわかってあげて、みたいな感じがするから。かわいそうというか、同情というか。

Ｓ　でも、山椒魚はどこか「モノ扱い」されているようなところもある。えびとかも出てきているけれど、山椒魚は石みたいに思われているじゃん。ほかのところでも、いちおう山椒魚の気持ちや意志は書かれているのだけれど、ほかの者から見たら、モノのように見えるように書かれているように思う。

Ｔ　冷静に突き放されて語られている部分もあるということかな。同情すべきところがあるとされながらも、もう一方では突き放されているというか……。山椒魚の周りに対する見方について、〈語り手〉はどのように考えているだろうか。〈語り手〉は、山椒魚の様子を、「嘲笑してしまった」と言っている。

Ｓ　そこなんか気になったんだよね。

Ｔ　「嘲笑した」とはどう違う？　「してしまった」だと、どういうニュアンスがある？

Ｓ　本当は、山椒魚も岩屋から出てめだかみたいに泳ぎたい気持ちもあるわけでしょ。だから嘲笑するのは変だし、嘲笑すべきではないのに、嘲笑してしまった。

Ｔ　山椒魚はめだかに対しては「不自由千万」と言っている。けれど、この（テキストを印刷したプリントの）一枚めの中にも、ほかの生き物も出てきているよね。（かっこ内　筆者）

Ｓ　えび。

Ｓ　こけ。

Ｔ　うん。こけに対しては、山椒魚はどのように見ているだろう。

S　疎んじている。
S　自分のすみかの水を汚してしまうものとしてとらえている。
T　ここは僕が気になるところなのだけれど、山椒魚にとっては、「すみかの水」を「汚」すものと言っているけれど、〈語り手〉は？
S　かれんな花。
T　そう。それから「隠花植物」とも言っているね。〈語り手〉が見るこけの見方と、山椒魚の見るこけの見方は、違うように書かれているね。この違いはどのような違いだろう。
S　山椒魚は、自分のすみかが汚れるかもしれないという自分の事情で精いっぱいだけれど、〈語り手〉は山椒魚も含めて冷静に見ている。
S　〈語り手〉は、こけのようなものを、普通の、明るい世間のようなものとしてとらえている感じがする。山椒魚は、そのようにとらえられなくなっている。
T　〈語り手〉にとっては花に見えても、山椒魚にとっては疎んじる対象になってしまっている。今言ってくれたような言葉で言うと、山椒魚の「世間」に対する見方のようなものが問題になっている……。
S　山椒魚は、こけとかに全く興味がもてなくて、それどころではなくて、ここから出られないという思いでいっぱいでいじけてやつあたりしているような感じに語られている。

中略

T　〈語り手〉がかなり世間一般のことを考えて書いているということは、だいぶ共通の理解になってきたね。山椒魚はその世間に対する見方が、いじけてしまっているために、「不自由千万なやつら」と言ったり、「すみかの水が汚れてしまう」と言ってしまったりしている。こういう感覚、みんなわかる？

S　それで、わたしが考えるのは、山椒魚っていうのは、すごい自分の意志とかをもっている人なの。それが周りと合わなくていじけてしまっているというか……、周りが自分とは違う考え方の人が多すぎて……。

T　山椒魚が自分の意志をもっている人っていうのは、どの言葉でそのように思うの？

S　それは……、めだかのことを「不自由千万」だっていうところで。「不自由千万」って言うっていうことは、自分自身は、そうではないっていうことでしょ。めだかたちも自分の意志はあるんだろうけれど、基本的には群れになっているわけじゃん。だから、山椒魚は、自分の意志をもっていると思う。

T　自分はああいう「不自由千万なやつら」にはならないぞっていうことね。

中略

S　自分のことを棚に上げているという感じがする。

S　自分の置かれている状態を認めようとしないで、ひたすら、そこからひととおり軽く見ただけで深く考えようとしないの。自分はこういう状況だからって。それをちゃんと考えようとしないで、まわりを否定していたほうがいい、ということになってしまっていると思う。

S　自分を気高く保っているんじゃなくて、弱い自分を認めたくないというだけのような気がするの。

S　悔しさがある。めだかのことをばかにしているけど、めだかは不自由だけれど自由に泳ぎ回っているわけだし、こけとかも自由に生きているわけでしょ。行動の制限がない。

T　「不自由千万」と言われながらも、自由なところがある。

S　だめだあ。これ、さっきから、どうもツボに入っちゃった。

T　うん、思いあたるところがあるということね。

S　「たった一年間ほど私がうっかりしていたのに」ってあとで出てくるでしょ。わたしたちだって、クラスとかで最初のあたりでうまくほかの人と交われなくて、そのままできてしまって、取り返しがつかないということがあるような気がする。学校でもそうだし、きっと会社とかだってそうだし、どの社会にもそういうところがある気がする。

T　いったん周りの世界を決めつけて見てしまうと、その枠から逃れられなくなってしまう。

S　そうだね。その枠っていう感じだね。

中略

T　「頭が出口につかえて」というのはどう?

S　これさあ、岩屋というのが、自分の心の中のような気がするの。実際にあるというより、今の自分の気分というか心境のようなものの気がするの。

T　岩屋は、自分が作ってしまっているものということ?

S　そう。

S　まさに引きこもりじゃん。わたしの中の引きこもりってそういう感じなんだけど。単に家から出られないということだけではなくて、他人に対して心が開けないというか……、自分自身が出せなくなっている様子。

中略

生徒は、〈語り〉を読み込んでいくことによって、「めだか」や「こけ」に象徴されるような世界を、「明るい世間」「普通の人たち」ととらえるようになっている。また、山椒魚がそれらに対して、自分自身を差異化したいという欲望（めだかのようにはなりたくないという気持ち、「自由」「独立」に対するこだわり）をもっていることを読み取りだしている。そのうえで、「たった二年間ほど私がうっかり」という言葉を、自分たち自身の生を振り返り、自らの認識のあり方の問題と関連させてとらえている。それは、山椒魚が周りの世界に対して、ある種の認識の「枠」をつくり上げてしまっていること、別の言葉で言えば、自らを取り巻く世界を自己化してとらえてしまう〈わたしのなかの他者〉の問題が、そこに表れていることを、発見していく過程と重なり合っている。そして、その発見は、「岩屋」が、そのような〈わたしのなかの他者〉の問題と重なっていることや、山椒魚のもつ自意識の問題点を考察することにも、つながっていく。

4・5時（3回め）

前回の内容を板書に整理したあと、作品を再読する。

T　〈語り手〉は、自分自身のこけに対する見方と山椒魚のこけに対する見方を書き分けたり、めだかに対する山椒魚の「不自由千万なやつら」という言い方を描くことや、「嘲笑してしまった」という言い方によって、山椒魚の問題を描き出していく。今回もさらに、山椒魚の問題とは、どのような問題として語られているのか、ということを追っていきましょう。

S　「狼狽《ろうばい》」ってどういう意味？

T　あわてふためくことっていう意味だよ。

S　小えびが「狼狽」したって書いてあるでしょう？　この前、「嘲笑」っていう言葉が二回使われていて気になるって言っていたけれど、「狼狽」も、前も使われている……。

T　そうだね。僕もそれは気になるね。「嘲笑」も「狼狽」も、〈語り手〉が重ねて使うところには、なんらかの意味があるだろうね。「嘲笑」とか「狼狽」が重ねて使われているという今の指摘について、何か意見のある人はいますか？

S　たとえて言うと、えびとかも人間のことでしょ。「濁った水の中で笑う」というのも気になるんだけれど。どういう意味なんだろう。

T　そこは気がつかなかったなあ。八六行めのところの、「全くえびくらい濁った水の中でよく笑う生物はいないのである」、……いったい何のたとえなんだろう。だれか、これについても返せる人いますか？

S　濁った水は汚れた世間みたいなもの。

S　それはそのとおりだとわかるんだけれど、それじゃあ簡単すぎない？

T　「汚れた世間」で笑うということはどういうことなのか、と考えないといけないね。「全くえびくらい汚れた世間でよく笑う生物はいないのである」……山椒魚は、汚れた水の中で、どうしてる？

S　笑っていない……。

T　「狼狽」という言葉が二回使われているね。小えびと山椒魚を比較すると、どちらも狼狽しているよね。（実際は蛙も含めて三か所だが、ここではふれなかった。筆者注）最初に「狼狽」という言葉が出てくるのは、どこだった？

S　八行め。「彼を狼狽させかつ悲しませる」……。

T うん。山椒魚は狼狽し、かつ悲しむ。けれど小えびは……。

S 失笑する。失笑ってどういうこと？

T 思わず笑ってしまう。小えびは、狼狽はするけれど、そのあとで笑っちゃうんだ。これはどこかで対照的だね。ここから読み取れることは？

S 小えびは狼狽するけれど、すぐ落ち着く。

S えびって笑ってたっけか？

T 笑っているねえ。えびは落ち着くけれど、山椒魚は落ち着けない……。ほかの人はどうですか？

S なんか、汚れた世間の刺激を小えびは楽しめて、山椒魚は汚れた世間の刺激を楽しめない……。

T うん。おもしろいね。世間というのはどこか汚れているものではあるけれど、それを山椒魚みたいに否定していくのか、それとも楽しんでいくのか……、ほかの人はどうですか？

中略

T ここのところはもうだいたいいいかな。ほかのことで何かありますか？

S 山椒魚はネガティブ思考だと思う。いじけている感じがする。「どうして私だけが……」とかさ。

S 「私だけが……」っていうのは、みんなで遊んでいてみんな泥だらけになっているのに、そのことは見えないで自分だけが汚れているかのようにいる感じに似ているね。

S 小えびが山椒魚のことを岩石のように見ているでしょ。卵を産みつけようとしてるじゃん。山椒魚は、「このみもちの虫けら同然のやつ」って言ってるけれど、小えびからして見たら岩石みたいなものになってしまっている……。

T　この二つの意見はどうつながるの？

S　山椒魚は岩屋から出ようとして必死なのだけれど、それは小えびからするととっても滑稽に見える……、小えびからしたら逆にばかなやつみたいに見える。

T　山椒魚は、自分自身のことも、周りの世界のこともちゃんと見えていないということかな。

S　見えていないというよりも、見ることができないということなのでは。

S　見ることはできるのだけれど……。

S　でも、その見ているものも、表面しか見えていないということなんじゃないの。だって、外に出て自分自身で体験しているわけではないのだから。

T　このあいだも、岩屋の隙間から眺めている世界はテレビみたいなものになってしまっているのでは、という意見もあったね。いのちとして見ていない、というか。

S　気持ちとかは全然考えていない。

S　気持ちとか考えられないというのはしかたないと思うんだよね。引きこもっているわけだから。

T　見ることができていないから、引きこもっているという言い方もできるよね。

S　だから悪循環なんだよ。一回そういうところにはまったら、抜け出すのは難しいから。

S　わたしが言いたかったのは、根拠があるわけではないのだけれど、あんまり使いたくない言葉なんだけれど、山椒魚はいじめられているの。なんて言えばいいのかわからないけれど、小えびは、山椒魚を楽しんでしまっているの。

T　山椒魚には、自分は不自由さと戦っているということばかりで、ほかの生き物だって一生懸命生きているということは、見えていない。表面的にしか見ていない。周りを見ることができていない。一方、えびと山椒魚のことで見えてくるのは、山椒魚はえびにからかわれるような状況、つまり石のような存在でしかないのに、自分自身をそういうものとしては、自分自身の置かれている状況をとらえきれていない。まわりも自分自身も見ることができていない……。

S　客観的につかめていないというのがよくわからない。最初じっとしていたじゃん。寂しかったのかもしれない。周りのことがだんだんうらやましくなって、出ようとしたのでは。それでももう出られなくて、「ああ、もう出られないのか」と思って実感がわいて、「神様」って言ってるんだと思う。

S　山椒魚は、「屈託したりもの思いにふけったりするやつは、ばかだよ」って言ってるじゃん。それって、実は小えびのことではなくて、自分のことだと思うの。最初は小えびのことを言っていたのかもしれないけれど、そのあとの、「彼はどうしても岩屋の外に出なくてはならないと決心した。いつまでも考え込んでいるほど愚かなことはないではないか」って、自分のことじゃん。

T　えびは自分のいのちの営みを行っているだけだからね。

S　そこで気づいたんじゃないの。言ったことが自分にはね返ってくるというか……。それで出ようとしたんだけれど、だめだし……。

T　なんとかしなければ、という動きが、山椒魚の場合、岩屋を突破しようという動きになる。けれど、それは無理なんだよね。〈語り手〉は、すでに山椒魚にとって岩屋は永遠のすみかであると言っているから。頭が出口につかえてしまう……。むなしいね。

S　なんで不自由になっているか、という原因は自分自身ではわかっていない。

S　頭がつかえているということが、自分でわかってないの？

T　頭が出口につかえてて出られないということがわかっていないのかなあ？　そのような出方はだめだという……。

S　じゃあどうすればいいの。（笑）

S　というか、「頭が出口につかえて」というのはたとえでしょ。

T　そのたとえのところで、このあいだ出ていた意見をふまえて考えると……、「頭が出口につかえて」というのは、頭でっかちになってしまっているということのたとえ、岩屋も自分の心境が作ってしまっていると考えると……。

S　ああ、そうか、そうか。

T　山椒魚の側の問題を超えることによって、出ることも可能になると。この間出されていた読み方は、そういう読み方だよね。

S　山椒魚は世間の側の問題を言っているのだけれど、実は山椒魚の側のほうに、岩屋を作ってしまっている問題があるということでしょ。

S　なんか、山椒魚は自分に似ていると思う。

T　どういうこと？

S　なんか、自分も昔、自分の考えは絶対正しいと思っている時期があって、そういう時は、いろんなことの原因をすべて周りの問題にして外を批判していた時期があった。自分の世界に入ってしまっているから、周りのことが見えてなくて……、自分が正しいと……。

T　すごくよくわかる。そういう人間だっていうことがよくわかるということではないよ。(笑)おれの中にだってある。

S　おれ、この山椒魚嫌いだよ。いらいらするよ。なんかねえ、うじうじしている。

S　小えびとかめだかの立場から見ると、そういうふうにも見えるかもしれないよね。

S　はたから見ればウザイと見えるかも

T　でもね、みんなの意識の中に「めだかみたいな存在」っていない？

S　いる。

S　それはだれにでもあるよね。

T　なんだあいつら、あんなふうに群れやがって……、独りで行動できないのかよ、と思う自分がもしいたとしたら、そこから山椒魚への距離は非常に近いのではないのかな。

S　めだかも山椒魚も、自分の中にいるよ。

S　わかるんだけど……、今はいないけれど、でもわかる。今は別に何でもないんだけれど、でもそういう気持ちもすごくわかって、そういう時もあったし、それは自分が素直ではないからだと思うの。

S　昔、それでなんか、孤立したこともある。群れてばかりいるヤツはうぜえと思って、オレはそんなやつらとは違うと思って、今思い返すと素直じゃなかったなあと思う。それでいじめとかになって、クラスで孤立したこともあった。

S　なんか思うことあるのね。わたしの中で、こんなの絶対いやだって思うのと、本当は自分もその中に入りたいんだけれど入れないからいやだって思うのは、どう違うの？

T　みんな言っていることわかったかな？　もう一回言ってくれる？

S　自分の中の価値観ってあるじゃん。自分の中であああいうことはかっこう悪いとか、ああいうものはいやだなってものがあるとするよ。わかりにくいかもしれないけれど。でも、そんなふうに言っていても実はあこがれていたりすることがあるとするじゃん。それはどう違うの？

T　うーん……。

S　一方では「ああいうのは本当にいやだ」っていうのがあるじゃん。でももう一方では、その裏で嫉妬心とかが隠れているとか

S　わかった。

S　自分をもっているということはあると思うのだけれど、その自分のもち方がね。

T　山椒魚のことを考えていくと、結局自分自身の問題になってくるということは、今日のところではっきりしてきました。けれども、ここまで山椒魚の問題が〈語り手〉によって出されているにもかかわらず、もう一方で、〈語り手〉は「山椒魚を嘲笑してはいけない」と言う。今日はそのことについては時間がなくて話せなかったので、次の時間はそこから考えていきましょう。

6・7時（4回め）〈観点Ⅱ、Ⅲを中心に〉

T　このあいだの時間では、主として二つのことが議論されました。〈語り手〉は山椒魚の問題をどのような問題として語っているだろうか、ということが一つ。もう一つは、「岩屋」とは何だろうということ……、山椒魚は世間の側の問題を言うのだけれど、むしろ山椒魚の側に岩屋ができてしまう問題があるのではないか、な

どということが出てきました。そのことをふまえて、前から出されている疑問で、〈語り手〉が直接読者に対して語りかけてくる場面が出てくる。覚えている？

S　笑ってはいけない。

T　そうそう。それも単に笑うのではなくて。

S　嘲笑。

T　そうだね。〈語り手〉はどうして、読者に対して「この山椒魚を嘲笑してはいけない」と言うのかという問題が一つ。それから二つめに、これまでも少しは考えてきたことではあるけれど、「岩屋」ができてしまう原因が山椒魚にあるとして、それでは「岩屋」を作ってしまうものは何なのか、ということ。それから三つめに、作品全体について。この三つのことを突きつめて考えていきましょう。

本文を読む

T　九五行め、「諸君は、この山椒魚を嘲笑してはいけない」という場面、見つかったかな。

S　だれにでもありうる状況だからだと思う。

S　そこまで変なことじゃない、ということ。

S　なりたくてなったわけではない。

S　「嘲笑してはいけない」と「了解してやらなければならない」というのはつながるの？　同じことかなあ。わたしも、だれにでも起こりうるなあ、とは思ったの。けれどわかんないけれど、「了解してやらなければならない」というのと「だれにでも起こりうること」というのは、違うように思うの。

S　うん。山椒魚をどのように嘲笑してはいけないんだろう？

T　このことを考えるヒントになると思うのだけれど、実は、「嘲笑」という言葉、二回使われているんだよね。このことも、最初から気になるところとして出されていたことなのだけれど。覚えている？

S　〈語り手〉が、使っているの？

T　〈語り手〉が、使っているね。

S　めだかの出てくるところか。

S　山椒魚は、「彼らを嘲笑してしまった」。

T　そう。山椒魚は、小魚たち、めだかのことなのだけれど、「なんという不自由千万なやつらであろう！」というふうに嘲笑してしまった、と〈語り手〉は描いている。そしてもう一度〈語り手〉は、「諸君は、この山椒魚を嘲笑してはいけない」と使っているんだよね。この〈語り手〉の言葉の使い方から、どんな意図が感じられるだろう。

S　お互いのことを嘲笑し合ってはいけない。対照的なものというか、山椒魚にとって対照的なものはめだかで、その山椒魚のことも嘲笑してはいけないって言うんでしょう？

T　もう少しで、なんとか言葉になりそうだね。

S　山椒魚を嘲笑するっていうことは、山椒魚になってしまうってことでしょ。

T　今言ったことみんな聞こえた？　もう一度説明してくれる？

S　山椒魚を嘲笑するっていうことは、山椒魚と同じになってしまうっていうことだよ。僕らが。

T　みんな、わかったみたいだね。

S　わたしもそう思った。山椒魚が嘲笑してしまったという言い方で、山椒魚の問題点を表してる。しかも、そうした山椒魚のことを嘲笑してはいけないって、わたしたちには言うんでしょ。これは山椒魚のようにはならず、受け入れる力をもてよっていうみたいな感じかと。了解してやらなければって続けているしね。

中略

T　はい。それではこの問題はいいかな。それでは次。これまでも問い続けてきて、なかなか言葉になりきれないできているのだけれど、岩屋はどうしてできてしまうのだろう。岩屋を作ってしまう原因は山椒魚の側にあるということでは、ある程度みんな一致しているようだけれど、それでは山椒魚のどんな点が岩屋を作ってしまうのだろうか。

S　思い込みとか……。

T　どういう思い込み？

S　あいつは何々だ、とか、自分が想像してしまう思い込み、めだかのことを決めつけてしまったり、自分に素直じゃいられなくなる。

S　弱さとか寂しさのようなもの。岩屋っていうのは、自分の壁でしょ。壁を作ってしまうというのは、弱さのようなものではないかと。強がる一歩前の弱さというか……、そのあとには強がりがきてしまう。

S　わかる。

T　弱さが壁を作ってしまい、壁がいったんできると強がりになってしまうということね。

S　自信が問題なような気もする。思い込みと同じかもしれないけれど。ほかの人への見方とかについて、自分が正しいと思い込んでいる。例えば、めだかとかを下に見てしまっているから……。

T　自分の思っていることや見方で、すべてのことが説明できると思い込んでいる……。

S　それってこの間、意見として出されていた「自分が思っていることや考えていることに自信が強すぎて、周りのことが見えなくなった状態」っていうのと同じこと？

S　一方的な見方で固まってしまう。

S　自己中心的な見方とか……。

S　例えば、周りの子たちのことを「子どもっぽい」とか思って、自分は（あの人たちとは）違うという思い方が、壁になってしまうような感じ。（かっこ内　筆者注）

S　なんか、おれひらめいちゃったんだけれどさあ、岩屋ってみんなもうできちゃっているような感じがするんだよね。

S　ある程度、できちゃっているよね。

S　軽くはあるよね。絶対ないっていう人はいないじゃん。少なくとも、他人のことを、こうこうこういうやつだっていうふうに思い込んでいるわけで。それはその人自身が、自分はこういう人間だって思っているのとは違う。そういう意味で言うと、思い込む時点で、軽くは自分の中に引きこもっているんだよ。

S　引きこもるという言葉、おまえ好きだなあ。

S　引きこもるっていうか、そういう思い込み方で、自分を保っている気がするんだよ。

T　よくわかるね。そうすると、「自分には岩屋なんかない」と思っている人、岩屋に気づいていない人のほうが、むしろ問題だということにもなるね。

S　うん。岩屋がない人間って、結局のところ、自分の意志がない人間っていうことにもなるわけでしょ。まったくないなら。

S 岩屋がもしなかったら、それはいいことなの？ 悪いことなの？

S それは「自我がない」ってことなんじゃない。

T このあいだ「谷川俊太郎と沈黙の神話」（三浦雅士）を読んだけれど、近代において「自我」がない人間はいないと書いてあったね。(注22) 自分とはこれこれこういう人間である、という意識が自我だね。こういう自我そのものが岩屋を作ってしまうということかな？

S 岩屋って、ふつう岩屋という言葉は使わないじゃない。これって神話のアマテラスオオミカミを意識しているのか、と思った。

S どういうこと？

S スサノオノミコトっていうのがいたんだけれど、暴れまわってて好き勝手してて、それがいやになってアマテラスが天の岩屋に引きこもってしまって、アマテラスは太陽の神様だから、真っ暗になっちゃったんだけれど、結局弟が暴れまわっているのがいやになって引きこもっちゃっているのを、なぞらえているのかなあ、と。

T みんながそんなふうにイメージはしていないと思うけれど、それもおもしろいね。アマテラスオオミカミというのは、天皇家の祖先ともされているのだけれど、この小説の中には、こけが生えるでしょ。こけの出てくる歌あるよね。

S ああ、「君が代」？

T 君が代は、「君が代は千代に八千代に」で始まり、「こけのむすまで」で終わるよね。ここから、天皇制をイ

（注）

22 章末注（239ページ）を参照。

メージすることも可能だね。岩屋、アマテラスオオミカミ、天皇制、こけなどを連想することも可能だね。
S　岩屋を作るということが思い込みをつくるという意見が出ていたじゃん、そういうこととつながるね。

拙稿「『嘲笑』をめぐって―井伏鱒二『山椒魚』を読む―」(注23)で論じたことだが、〈語り手〉は、「嘲笑」という言葉を二回、意図的に用いているとわたしには思われてならない。一回めは前述した「なんという不自由千万なやつらであろう！」と山椒魚が小魚たちを「嘲笑してしまった」という箇所である。「嘲笑してしまった」という言い方や山椒魚の直接話法の中に、〈語り手〉の山椒魚に対する批評性が表れていることは、すでに述べた。しかしながら、〈語り手〉は、その山椒魚に「たった二年間ほど私がうっかりしていたのに」「ああ神様、どうして私だけが」とさらにその自閉性をあらわにさせる一方で、再び「嘲笑」という言葉を用いて、わたしたち読者に対して「諸君は、この山椒魚を嘲笑してはいけない」と直接語りかけてくるのである。こうした〈語り〉についての疑問を、生徒は、初読後の授業の時から表出していたが、ここで、「山椒魚を嘲笑するっていうことは、山椒魚と同じになってしまうっていうことだよ、僕らが」と、自らを問い直す視点を獲得している。「〈語り〉を読む」ことが「自己を問う」ことにつながっていく、ということがここにも表れているといえよう。また、もう一つのクラスでこの問題を扱った時も、「山椒魚をばかにしてしまった時点で、ばかにしたやつは山椒魚になりうる。〈語り手〉自身だって注意しなければならない」「こういうのって、ここまで考えられて作られているんだね、そういうのってすごいと思うんだけれど……」「読者に対して、山椒魚の問題を投げかけておいて、読者が山椒魚を今度はばかにしてしまうかもしれないということにさせておいて、さらに読者にその問題を指摘するところがね。」という発言が出されるなど、生徒の反応は非常に鋭かった。

また、前回に続く「岩屋」とは何か、という問いかけの中で、山椒魚の「自分の中の思い込み」が「岩屋」を作ってしまうという意見に続いて、山椒魚だけにではなく「岩屋」はだれにでもある、「自我」があるところに「岩屋」はどうしてもできてしまう、ということを生徒は発言している。「岩屋」を必ずしもそういう自意識が作り出すものとして読まなければならないわけではないが、どちらにしても、ここで問われているのは、〈わたしのなかの他者〉の問題であることに生徒は気づいている。人は生きるかぎり、〈わたしのなかの他者〉の問題、認識の牢獄としての「岩屋」から、逃れることはできない、と読むこともできるように思う。そのうえでわたしたちに可能なことは、そのことを徹底的に自覚し、概念装置としての了解不能の《他者》との相克《そうこく》の中で、《出口》を求めていこうとすることになるだろう。

長くなったが、〈語り手〉と山椒魚との相関関係を読むことは、「自己を問う」ことにつながり、それは山椒魚だけでなく、近代の人間が生きていくことにまつわる問題、つまり「近代的自我」と〈わたしのなかの他者〉の問題として気づかれていっているように思われる。また、ここから、「自我」があるところに「岩屋」がどうしてもできてしまうものとすれば、「岩屋」があることそのものが問題なのではなく、「岩屋」の出口に「頭がつかえて」出られなくなってしまうことが問題なのだ、という視点も生まれてきた。ここから、上述した《出口》はいかにして得ることが可能か、という問いも導かれてくる。

それから、この点についてもう一つのクラスの実践の経緯をあげておくと、やはり自分たちの「岩屋」をめぐる議論の中で、さまざまな「岩屋」が、自意識が作り出すものとしてだけではなく、実体的なものとして出さ

（注）

23　齋藤知也「『嘲笑』をめぐって―井伏鱒二『山椒魚』を読む―」（「日本文学　二〇〇五・七」日本文学協会）

れてきた。例えば、「家」という「岩屋」、「会社」という「岩屋」などである。その中で「受験校」という「岩屋」とともに、「自由の森学園」という「岩屋」もあるという言葉も出てきた。自由の森学園の中で「うっかり」していて「頭が出口につかえて」出られなくなる状態、自由の森学園の現状での「自由」の中で「うっかり」していて、「自由の森の中であたりまえになっていることがすべてだと思っていると、周りが見えなくなることがある」という発言があった。『山椒魚』を読むことの中で、自分たちの「共同体」を問う視点を獲得するきっかけになったように思う。

また、授業の中で「岩屋」に閉じこもる山椒魚を「古事記」のアマテラスオオミカミになぞらえる読みが出てきているが、その視点については、先に紹介した佐藤学の論(注24)でも指摘されている。山椒魚を、戦前の肥大化した日本になぞらえる読みも可能ということだが、これは日本の個人の近代的自我のありようの問題が、単に個人のありかたとしてだけではなく、「日本」という国家全体のありようの問題(「日本」という「共同体」の問題)として、つながっていることとして考えられるということだろう。

8・9時(5回め)〈観点Ⅳを中心に〉――「『自選全集』版」の教材価値を探る

四回めの授業では、なぜ〈語り手〉が「嘲笑」という言葉を再度用いて読者に直接「諸君は、この山椒魚を嘲笑してはいけない」と呼びかけてくるのかという点、および、「岩屋」とは何かという点を中心に考案した。その過程で、「自我があるところにどうしても『岩屋』はできてしまう、自我がない人はいないから、『岩屋』のない人もいない」という生徒の発言があった。そうなると、この山椒魚は(あるいはわたしたちは)いったいどうすればよいのか、《出口》はいかにして得ることが可能なのか、という問いも生まれてくる。五回めの授業では、その問題をふまえたうえで、結末部について考えていった。

はじめに、前回の授業で議論したことを簡単に教師がまとめたあと、次のように問いかけた。

T　前回の授業で、「自我がもし岩屋を作ってしまうのだとしたら、自我があるっていうことはいいことなの？悪いことなの？」という質問があったけれど、そのことを考えると、自我があるところに岩屋はできてしまうわけだから、岩屋があることが問題なのではなくて、山椒魚みたいに、岩屋から出ようとしても出られないくらいに、頭が大きくなってしまうことが問題なんだよね。山椒魚にも、最初から岩屋はあったんだ。けれども、山椒魚は、二年間うっかりしていて、そのうちに頭がどんどん大きくなってしまって出口につかえて出られなくなってしまうわけだよね。繰り返しになるけれど、岩屋だとか、自我だとかがあること自体が問題ではなくて、頭が大きくなって出られなくなってしまう状態というのはどういう状態なのか？　と考える必要があるのだと思う。岩屋から出られなくなるくらいに頭でっかちになってしまう状態ってどういう状態なのだろう。

中略

それから一つ大切なことは、前に意見が出されていたけれど、山椒魚にはやはり「意志」のようなものがある。不自由なみじめな状態の自分には耐えられないところがあって、「自由になりたい」「群れたくない」というこだわりがある。でもそういうこだわりがあるから、めだかの群れに入らなくていいかというと、それはそれで寂しい。自由とか独立を求めながらも、どこかで寂しい、その感情には微妙なところがある。ここまでは

（注）

24　注18に同じ。

今まで考えてきたことだから、わかるよね。ところが、こういう自我が、膨張すると、これが岩屋から出られない状態を作ってしまう。このあいだには、「二年間ほどうっかり」という言葉があるんだよね。

S　自我って岩屋のことかな?

S　自我が岩屋を作ってしまうのだけれどね。自我が頭という言い方もできるよね。

T　それから、〈語り手〉は山椒魚の自我の問題を描いていくのだけれど、その一方で、「諸君は、この山椒魚を嘲笑してはいけない」と言うんだよね。

S　解放を求めて、自由になろうとするのはおかしいと思うよ。

T　自由の求め方の問題かな。山椒魚にも岩屋があって、僕らにも岩屋があって、何か不自由だというところがあって……。

S　山椒魚のような感じだと、たとえ一つの岩屋を出ても、きっとまた別の岩屋にぶつかってしまうよ。よい環境を求めてさまようような感じになってしまって……。

S　本人の意識の側に問題があるのだから、どこに行っても変わらないよね。

S　旅に出たら何か変わるとかじゃないね。

S　きっかけができることはあるけれどね。

S　きっかけを作るのはあくまでも自分でしょ。

S　この山椒魚はもうどうしようもないのかなあ?

T　そうだね。そこにかかわって、まだ一つきちんと話し合っていないところがあって、いちばん最後の蛙とのやりとりのところは、二回めの授業で少し読んだだけで、残っているんだよね。そこのところを少し取り上げたいのだけれど、いいですか。

朗読テープをかけ、本文を読む

T どうですか？ 「よくない性質」とあるけれど、これはどういう意味での「よくな」さなのだろう？ 「山椒魚はよくない性質を帯びてきたらしかった」……。

S 相手も巻き込もうとしてしまう考え、よくわからないけれど。

T 蛙をね。みんなどこのことかわかるかな。一三二行めのところ。何に巻き込もうとしているのかな？

S 自分が閉じ込められているというか、出られないでいるということを、ほかの人にも味わわせてやりたいというか……。

T 自分の不幸な境遇をね。続けてどう？

S ある種、嗜虐《しぎゃく》的みたいな。

S 嗜虐的ってなあに？

T 意味はどういう感じか、わかる？

S 自虐的という言葉の自が、嗜に変わったんでしょう。嗜ってどういう意味？

S 嗜好の嗜だね。虐待するのが楽しみなような状態かな。

S 蛙は、山椒魚のことをうらやましがらせていたようなところがあったじゃん。

T そうだね。自由に動き回っていたね。

S そう。自分が閉じ込めたことによって思い知らせているようなところがある。

S でも思い知らせても最後は……。

T　うん。そのあたりから考えていこうか。閉じ込めるようなことが唯一の楽しみになっていくような状態、こういうのは不幸な人間のすることだよね。

S　他人の不幸を見ることによって慰められたい。

S　まず自分自身のことを考えないとだめなのにね。

S　自分自身のことばかりしか考えていなからだめなのでは？

S　自分のことを見つめていないという意味でしょ。

T　うん、うん。どれもわかるけれど、もう一度、文章に戻って文章から考えようよ。その中から浮かんでくるイメージだと思うから。「よくない性質」という言葉から生まれてきたイメージだよね。それに続けて蛙との会話の部分、あるよね。蛙との会話のところについて、感じることはありますか。

S　一方的。お互いに言葉を繰り返しているだけ。

S　会話というか、単に言葉をぶつけ合っているだけのような感じがする。

T　会話とは呼べないものだということ？

S　お互い自分の気持ちをぶつけ合っているだけという感じ。

S　ぶつけている言葉が同じじゃん。

S　怒ってるという感じでもないのだけど。

S　意地を張ってしまっている感じ。

S　口論をどこかで楽しんでしまっている感じ。なんか、本気で言っていない感じがするんだよ。

T　本気で伝えたいことを言っている感じではない？

S 「二個の鉱物は、再び二個の生物に……」って言っているけれど、これはどういうこと？

S そのあとにも出てきているね。（実際は「その前」である 筆者注）

T だれか返せる人いないですか？

S 冬眠のような感じ。

S 山椒魚とか蛙は、蛙が来て、山椒魚が同じ状況にしてしまったじゃん。口論することで、なんだか、なんとか生き物になっている感じ。それではだめなんだけれど。

S なんか最後の最後は、山椒魚はやっと自分の悪いところに気づいたという感じ。そんな気がする。

T それは文章のどんなところから？

S なんか初めて山椒魚が相手のことを気にしているというか、本当いちばん最後なんだけれど、「お互いに自分の嘆息が相手に聞こえないように」っていうところがそう思う。

T もう少し詳しく言ってみて。

S その一年前は、蛙とのやりとりがお互いに一方的だったり、会話になっていなかったりするんだけれど、そんなことをずっと続けていても、意味のないことだっていうことに気づいて、黙り込んでいる……、一年後には、相手に嘆息が聞こえないように注意しているわけじゃん。それがいい意味なのか、悪い意味なのかわからないけれど、そこで初めて自分のやっていることに気づいて、なんか、お互いに気にしてる。

後略

「作品結末部をどう読むか」という場面である。あるいは、「『全集』版」の存在を知っていて、そのことを指摘する生徒がいるかもしれないと思っていたが、そういう声はあがってこなかった。つまり、生徒は基本的にこの「『自選全集』版」を、「独立」した作品として読んでいると思われる。

そのうえで、まず生徒が直感的に感じているのは、山椒魚が「よくない性質を帯びてきたらしかった」ということと、「自分のことを見つめていない」ことはつながっているということである。また山椒魚と蛙との「対話」については、「会話というか、単に言葉をぶつけ合っているだけ」「ぶつけている言葉が同じ」と、そのモノローグ性を的確に指摘している。授業を行ったもう一つのクラスでは、「例えば自分が納得できないままに、生活のためにやめられない仕事をしている『会社』などに閉じ込められていると、だんだんどうでもいいことにとらわれていきがちになることと、この何も生まれてこない会話のあり方は似ている」という発言も出てきた。

また、「『自選全集』版」の結末部の三行について生徒がどのように読んでいくのかは、わたしにとって大きな関心事だったが、授業では、「蛙とのやりとりがお互いに一方的だったり、会話になっていなかったりするんだけれど、そんなことをずっと続けていても、意味のないことだっていうことに気づいて、黙り込んでいる」、「『お互いに自分の嘆息が相手に聞こえないように』というのは、初めて山椒魚が相手のことを気にしていることと読めるのではないか」、「最後の最後は、山椒魚はやっと自分の悪いところに気づいたという感じ」などの発言が生まれてきた。この結末部に、「自己」を見つめ、〈わたしのなかの他者〉の世界を超えようとする「折り返し点」を見る生徒がいることは、改めて「『自選全集』版」の教材価値をわたしに考えさせてくれた。

先述したように、現行教科書(二〇〇五年一一月現在)では、『山椒魚』掲載のすべての教科書が、改稿前の「『全集』版」を用いている。そして、例えば、二〇〇四年度版「新編現代文」(東京書籍)の「学習B」(学習の手引き)では、「3　次の会話は、山椒魚と蛙との関係が、蛙の出現以来どのように変化したことを表しているか。考えてみよう」

と「『全集』版」末尾の四行（よほどしばらくしてから山椒魚はたずねた。／「おまえは今、どういうことを考えているようなのだろうか？」／相手は極めて遠慮がちに答えた。／「今でもべつにおまえのことを怒ってはいないんだ。」）を問うている。それについて、この教科書の「指導資料」では、「主題の把握にかかわる設問」とし、解答例として、「初め対立していた両者は、互いに寛容な、和解の方向へ動いている」と、論じている。このことは、この「指導資料」が、この『山椒魚』の「主題」を、「ごく簡単にいえば、極限状況に置かれたものの孤独と悲嘆、そして他者との対立のうちに心は和解に向かい、わずかに救われるというのが物語の主題である」としていることと密接なかかわりがあると思われる。（注25）

ここからうかがわれるのは、改稿前の『『全集』版」のみを用いると、どうしても「主題」として、結末部の「和解」を読み取ることに流れがちになるのではないか、ということである。その他、あまたの実践史でも、例えば「『死』を前にして、すべてを許す、というのはよくあることだと思うし、作品の流れから言っても、作者はしばしば山椒魚に同情し、読者の共感も求めている。」（黒沢勉（注26））といった読まれ方は、いたるところに見られる。しかし、あえて言えば、そうした読まれ方は、「和解」あるいは「受容」という態度をもってよしとする、学校教育に都合のよい微温的な価値観に回収されてしまう危険性をもってはいないだろうか。それでは、「極限状況」の中で、人はいかに「自己」を見つめ、いかに生の価値を見つけていくか、という問いは消えてしまう。換言すれば、極限状況から「和解」によって「救われる」のではなく、「極限状況」を徹底的に引き受け、それに正対することによってこそ、生きることの絶対的な価値が問われていくのではないだろうか。「『全集』版」では、そ

（注）
25　章末注（240ページ）を参照。
26　黒沢勉「『山椒魚』の分析と指導（その二）」（「月刊国語教育　一九八九・一〇」東京法令出版）

の問題がそらされてしまうのである。

この点について、田中実は、「両者の間には、一方は相手を自己の境遇に封じ込めようとする意志、あるいは人情（悪意）を隠し持ち、他方は相手の恣意によって閉じ込められた者であるという相違、その両者の距離と落差そのものが消えたわけではなかった。にもかかわらず、それを彼らは自覚、意識していないかのごとく、同じ言葉を反復している。とすれば、ここにある和解のごときものとは、飢餓的状況による認識の衰退から起こっているのではないか」「『全集』版にあった末尾の箇所、そこで終らせるということは、前述したとおり、相手に己れの姿、相互侵犯した自己を互いに見ていたに過ぎず、それはとりもなおさず、〈相手〉そのものに向き合うのでなく、自分の造り上げた他者像を〈他者〉〈〈わたしのなかの他者〉〉としたに過ぎなかった。[注27]」と批評している。

わたしがあえて「和解」の場面を削除した「『自選全集』版」を教材本文として用いたのも以上の理由による。山椒魚の、外界に対する認識のありよう問題（自閉の問題）、「岩屋」に閉塞《へいそく》された状況における山椒魚の「自由」の問題、極限状況の中での生の価値を問うという《絶対》の問題を、徹底的に追究していくことに教材価値を見いだそうとすれば、結末部の「和解」の箇所を削除した「『自選全集』版」を扱っていくことが望ましいのではないかと判断したのである。そしてその教材価値は、生徒の〈読み〉によって実証されたのではないかと考えている。

5　生徒の「作品論」と「自己評価表」から見えてくること

先述したように、「学びからの逃走」という事態の背景には、生徒の中に（あるいはわたしたち教師の中にも、）

自閉した認識のありようの問題があるのではないか、という思いが、わたしの問題意識の根底にあった。つまり、生徒やわたしたちが周りの世界（できごと、人物、文化）などを認識していくときに、あたかもテレビでも眺めるかのように少しのぞいただけで「カンケイないや」と思ってしまうような、閉じた認識のかたちがあり、例えば国語教育の分野で言えば、文学作品を一読し「あらすじ」を読んだだけで、「これツマラナイ」と、〈価値〉を引き出しきれずに切り捨ててしまう状況として表れてきているのではないか、ということである。

では、そうした状況に対して、実践をとおしてどのように切り込んでいけばよいのか。それは、生徒も含めた、わたしたち自身の自閉してしまっている認識のありようを、どのようにひらいていくかという問いとして考えられなければならない。その際、逆説的に聞こえるかもしれないが、文学作品のもつ教材価値こそが、わたしたちの認識を問う力をもっている。

しかし、その教材価値は先述したような「あらすじ」を読むだけでは引き出すことができない。文学作品では、〈語り手〉と登場人物の相関を読むことにより、登場人物の認識のかたちが問題化される。例えば、『山椒魚』では、〈語り手〉が「岩屋」に閉塞された山椒魚の認識のありようを徹底的に批評していく。山椒魚が周りの生物の生の営みを嘲笑してしまうということの背景にある（山椒魚自身の認識の）問題が、描き出されていく。

ところがその一方で、〈語り手〉は同じ「嘲笑」という言葉を用いて、読者に対して直接、「諸君は、この山椒魚を嘲笑してはいけない」と語りかけてくる。このような〈語り〉に着目することによってはじめて、実践報告でも紹介したような、「山椒魚を嘲笑するっていうことは、山椒魚と同じになってしまうっていうことだよ。僕

（注）

27　注12に同じ。

らが」という生徒の読み方も生まれてくるのである。自閉してしまっている山椒魚の認識のありように気づいていくことが、自分たちも実は周囲の世界を「嘲笑」してはいないか、という「問い」を生んでいく。その「問い」は、あらゆる局面において、自らの認識をひらいていくことにつながっていく契機になりうるのである。それは、個の問題から出発して、一見（一読）しただけでは「カンケイないもの」が、「切実なもの」に反転していく。〈公共性〉あるいは文学の〈公共的な価値〉を模索していくことともいえよう。

ここでは、授業の終わりに生徒に書いてもらった「作品論」や、その後時間が経過してから自らの学びの意味を振り返った「自己評価表」(注28)の一部を紹介したい。あえてわたしのコメントはつけないが、文学作品の〈語り〉を読んでいくことが、いかにして自己の読みを問い続け、また、自身の「自閉」の問題を超えていくことにつながっていくか、これらの生徒の文章から読み取っていただければと思う。

■「作品論」より

1　いったい山椒魚とはどんなやつなのか。どうして岩屋から出られなくなってしまったのか。その岩屋とはいったい何なのか。わたしはこの作品を読み解くうえでこの三つを考えることが重要だと考えました。

文章を読んでいると、この山椒魚には、ものの見方、考え方にいささか問題があったのではないかと思える点が、いくつか見受けられました。山椒魚はめだかのことを不自由千万なやつらと呼び、嘲笑しています。が、そんな山椒魚自身も岩屋から出られず、不自由な状態にあるのです。また、こけのことも、自分のすみかの水を汚してしまうもの、公害のようなものでしかないと考えており、小えびのことも「虫けら同然のやつ」と言っています。山椒魚はこれらを一生懸命生きている「生命」としては見ることができず偏見の目で見ています。

「頭が出口につかえて外に出ることができなかった。」と書かれてありますが、つまり偏見で凝り固まった見方によって頭でっかちになってしまい、岩屋から出られなくなってしまったのではないでしょうか。だとすれば、その岩屋とは自分自身のものの考え方、「思想」と言うことができると思います。つまり山椒魚は自分のものの考え方である岩屋におさまり、そして気づいた時にはその考え方にとらわれすぎていたため、頭でっかちになって外に出られなくなってしまったのです。しかし、ここで語り手は、「諸君は、この山椒魚を嘲笑してはいけない」と言います。それは、岩屋はわたしたちの中にも存在し、それを忘れて山椒魚を嘲笑してしまえば、その瞬間、わたしたちも山椒魚と同じだということを警告しているのです。

そして山椒魚は自由に飛び回る蛙をうらやみ、岩屋に閉じこめてしまいました。そして蛙と山椒魚は自分を主張するため、同じ言葉を互いにぶつけ合うのです。そんな出口のない会話からは山椒魚がまだ凝り固まった考え方から抜け出せていないことが読み取れます。しかし、その後二人はお互いに黙り込んでしまいます。この沈黙の時間は山椒魚にとってどんな意味があったのでしょう。わたしはこの沈黙に可能性の意を見いだしました。確かに、「今はもはや、彼にとって永遠のすみかである岩屋は」と本文中にもあるとおり、山椒魚の体は永遠に岩屋の外に出ることはできません。そのことに気づかずに出口のない会話をしている間は何の解決にもなりません。しかし、もしここで山椒魚が自分の岩屋の正体に気づき、岩屋から抜け出すことのできない現実を自分の中で受け止めることができたなら、それは山椒魚にとって問題解決の糸口になるのではないかと思います。決して身体は岩屋の外には出られないけれど、その現実を真に見つめることができたなら、その瞬間

（注）
28　章末注（241ページ）を参照。

山椒魚の心は岩屋からは解放され、山椒魚には新たな生き方が生まれるはずです。

2　岩屋はだれにでもあるもので、それは自分を作り上げていく中心にあるものだと思う。だから山椒魚のすみかとなる岩屋は唯一の落ち着く空間だったと思う。それから「頭が出口につかえる」という頭は、山椒魚の譲ることができない、「自由と自立」のような信念みたいなもので一杯一杯になってしまって、頭がかたくなってしまい、「頭が出口につかえてしまう」状態だ。だから、「いよいよ出られないというならばおれにも相当な考えがあるんだ」と言いながら、語り手が、「しかし、彼に何ひとつとしてうまい考えがある道理もなかったのである」と言っているのである。これは、山椒魚の考え方が固まってしまっていることを表していると思う。

次にこけについて考えてみたい。こけは山椒魚にとって、すみかを汚す存在でしかなかった。それは自分の落ち着ける空間にこけという得体のしれないものがやってきたから、山椒魚にとってはいやなやつに見えてしまったのだと思う。さらに、山椒魚のめだかに対しての見方は、「なんという不自由千万なやつらであろう」と言う。これはめだかの行動に対して言っている。ほかのめだかについてゆくだけのやつで、一匹では行動できないということだ。群れにならないと何もできない。一方山椒魚は、自分のやりたいことはしっかりもっていて、自由に行動することを欲している。だから「なんという不自由千万なやつらだろう」と一段高めて見ていると思う。その問題は、わたしたち人間にも言えることだ。語り手が、「諸君はこの山椒魚を嘲笑してはいけない」というのは、だれもが山椒魚になり得る可能性があるからだ。

3　山椒魚が岩屋の小さな窓から外を見ているとめだかの群れがいた。彼らのうちの一匹があやまってよろめくとほかの多くのものは遅れまいとしていっせいに左によろめく。その光景を見て山椒魚は嘲笑してしまったとあるが、ここで語り手は、山椒魚はめだかを嘲笑すべきではないと言外にほのめかしたのではないだろうか。

なぜなら彼らは群れをなして互いに急流に流されまいとしていただけなのだから。確かに一匹になることは困難だけれども、彼らは一匹では生きられないし、一匹になろうとはしていない。

山椒魚は、なぜめだかを嘲笑してしまったのだろうか。山椒魚から見たらだれかと一緒じゃなきゃいられない、一匹ではいられないというように見えたのではないだろうか。それだけでなく、岩屋から出られない悔しさ・虚しさ、他のものと交われない皮肉が、山椒魚を嘲笑させてしまったのだとわたしは考えた。

さらに語り手は、山椒魚の住んでいる岩屋に生えたこけのことをかれんな花、隠花植物と言っているのに対して、山椒魚にとってはすみかを汚すものと言わせている。つまり語り手はこけを使って岩屋に入ってくるものを嫌がる山椒魚の姿を描いているのである。

また、岩屋に一匹の小えびが入ってきた時は、小えびを、虫けら同然のやつ、屈託したり物思いにふけるやつはばかだよ、と得意げに言った。まるで自分はそうではないという感じだ。

ここまでくると山椒魚がいかに他のものに対しての考え方がひねくれているかがよくわかる。岩屋は、他のものを受け入れない、自分以外を見下す、自分は「自由」に群れずにいたいという他のものと自分を区別する山椒魚の考え方からできたもので、頭が岩屋の出口より大きくなってしまい、山椒魚は岩屋から出られなくなってしまったのである。しかし語り手は、こんな山椒魚を「嘲笑してはいけない」とわたしたちに語りかけてくる。語り手は、嘲笑することによって自分たちも山椒魚と同じになってしまう、どんな人でも岩屋をもっていると伝えたいんだとわたしは考えた。

心の岩屋の中から世間を見ているかぎりは、山椒魚もわたしたちも自我の世界から出られないのだ。

蛙とのやりとりで山椒魚は、群れずに自由な文句のつけどころのない蛙をうらやましく思いその反面、自分は岩屋から出られずに不自由なもどかしい状況から、蛙を岩屋から出られないようにした。

「出て来い。」

「出ていこうと行くまいと、こちらの勝手だ。」

「よろしい、いつまでも勝手にしろ」

「お前はばかだ」

「お前はばかだ」

と、蛙と山椒魚は何度となく自分の主張を繰り返したが、こんなことをしていても何の意味もない。蛙もしだいに山椒魚と同じようになってゆき、山椒魚と蛙はこの無意味な会話を一年も繰り返す。だが、その次の年には何もしゃべらなくなっていたばかりか、お互いに自分の嘆息が相手に聞こえないように注意している。

最後の最後で初めて自分の悪いところに気づき、自分以外のものに対して初めて山椒魚が気にしているとわたしは思った。

この先、山椒魚は岩屋から出られるのか？　あくまでも岩屋は永遠のすみかであり、肉体的に外に出られることはないだろう。しかし蛙とのやりとりで自分がおかれている状況に気づき、心の岩屋が薄れていっているのはまちがいない。いつかは心の岩屋から抜け出せる日が来るとわたしは考えた。おそらく心の岩屋から出られることにより、そこは真っ暗で一人きりの世界ではなくなる。同じ場でも、こけやめだかや小えびに対しての考え方が変わってくるはずだろう。そこには今までとは全く違う世界が待っているといえる。

■「自己評価表」より（『山椒魚』にかかわる部分を抜粋）

１　『山椒魚』は何も考えずにただ読むと「ものがたり」みたいに感じる。でも、その中には、山椒魚とめだか、こけ、小えびとの関係、語り手が語る山椒魚、山椒魚と蛙など、作者は巧みに操って何かを伝え、表現していると思った。こういう作品のおもしろいところは、語り手が何を言おうとしているかを考えることで、現実のこととして感じられること。そのことによって、自分と作品を照らし合わせられること。そのことから、自分自身が見えてくること、だと思う。

２　『山椒魚』には苦戦した。（中略）奥が深くて、また深くて、ひたすら深い。どこが底なのか、わからない。底なんてないのかもね、文章には。山椒魚は、現代の社会をテーマにしたものと僕は読み取った。それを読み取るまで時間がかかりました。第一印象としては、普通の物語でしたからね。「岩屋」とは何かと言われても、つまるよ。こんなにも奥が深いものと思わなかったし。でもだんだん授業を受けていくうちに、「ああ！　こういうことかあ」とか「えっ、そうなの？」とか、この文章の本当の意味？　がわかってきた。「日本語」の授業ってこれがたまらなくおもしろい。だから、飽きない。

３　「言葉」と「実物」にはズレがあって、人は自分の使っている言葉で世界を見ている。人はつねに言葉で考えている、となると人は物をありのままに見ることはできないということだ。だから人だけが「ありのまま」を受け入れられないいんだろうかと今考えていた。（中略）

自分が考えたことを付け加えて……と考えてゆきづまってしまった。そこで思ったのが「これはまさに山椒魚と同じ状態だ」ということ。「考えをしぼり出してよい文章にする」という「信念」でみごとに出口がふさがってしまった。どんな状況にあっても、『山椒魚』で読んだ「信念が出口をふさぐ」現象は起こる。この作品では、そんな人間の本質がそのまま描かれている。だから、この作品はとても重大な意味をもっている。そこまでを、授業という形でクラスで読み取ることができたことは何だかすごいことだと思った。いろいろな人の意見が出ることで、一つの本質が浮かび上がった。この授業から、わたしは自分の意見を表現したいと、本当に思い始めたのだ。

6 『屋根の上のサワン』と自選全集版『山椒魚』の比較対照
―教材価値論に触れて―

これまで、「『自選全集』版『山椒魚』」の実践報告をもとに、その教材価値について考察してきた。『山椒魚』と同様、井伏鱒二の作品の中で比較的教科書に取り上げられてきたものとして、『屋根の上のサワン』がある。実は、『屋根の上のサワン』には、「屈託」という言葉が繰り返しキーワードの一つとして用いられ、『山椒魚』における「屈託したりもの思いにふけったりするやつは、ばかだよ」という言葉と重なるところがある。

また、これは作家論的な研究範囲の問題と思われるが、「『全集』版『山椒魚』」の初出である『山椒魚―童話』(『文藝都市』所収)と、『屋根の上のサワン』(『文學』所収)は、同じ一九二九(昭和四)年に発表されたという点も、興味深い。

ここでは、その『屋根の上のサワン』の〈読み〉について再検討し、「和解」の部分を削除した「『自選全集』版『山椒魚』」との比較対照を行うことによって、教材価値論を深めることを試みたい。先走って言っておけば、その核心は、〈自己〉と〈他者〉の問題にあると考える。

■回想の〈語り〉

この作品は、「私」と「サワン」の「出会いと別れ」の物語と読まれやすい。研究史を追ってみても、両者のかかわりの質が、議論の焦点になっている。例えば、①「私」は、自らの愛を受け入れられるものととりすがる「哀れな滑稽さ」を示している（浮橋康彦[注29]）、あるいは、②サワンと「私」は、「幽閉された者同士」で、サワンは『「私」の影であり、分身』であり、「大空に飛翔し、僚友のところに復帰して行くサワンを通して」、「私」の、ひいては井伏自身の「『くつたくした思想』からの脱出と解放が希求されて」いる（東郷克美[注30]）、などが代表的なものといえようか。しかし、作品の「語りの構造」に着目し、サワンを失ったあとでなぜこのような話を「私」は語るのか、「語る私」の問題は、十分には論じられていない。本稿ではその点を考察し、さらに、「語り終えた私」が立つ位置を問うてみたい。

なお、本文の引用は、一九九八年度版『高校生の国語Ⅰ』（明治書院）に拠っている。

「恐らく気まぐれな狩猟家かいたずら好きな鉄砲撃ちかがねらい撃ちにしたものに違いありません」と、実態としての「語り手」である「私」は、物語を語り始める。この、「恐らく」や「たぶん」という語り方は、たびたび繰り返され、結末部「恐らく彼は、彼の僚友たちの翼に抱えられて、彼の季節向きの旅行に出ていったので

（注）

29　浮橋康彦「井伏鱒二『屋根の上のサワン』」（『日本文学　一九六五・一』日本文学協会）

30　東郷克美「『くつたく』した『夜更け』の物語 ―初期井伏鱒二について―」（『成城国文学論集13　一九八一・三』成城大学大学院文学研究科）

ありましょう」まで変わらない。さらに、これらの言葉は、そのほとんどが「ありましょう」「でしょう」という言葉で閉じられ、すべてが「語る私」の推測であることを示している。また、「この鳥の意外に重たい目方は、そのときの私の思い屈した心を慰めてくれました」のように、繰り返される「そのとき」、あるいは「このとき」などの言葉に端的に示されるように、この「私」の語りは、サワンがいなくなったあと、サワンと自分とのいきさつを、時に自己省察も含めながら振り返る「回想する語り」として読める。そして、振り返ってサワンと自分とのいきさつを語るその語り口の中に、当時の「私」の問題点と、現在の「私」の心のありようが、隠されているように思われる。

■「思い屈した心」「屈託」をめぐって

さて、「私」の語りの中に繰り返して表れる、キーワードとも思われるものに、「屈託」あるいは「思い屈した心」がある。例えば「私」はサワンに出会った時に「言葉に言い表せないほど屈託した気持ち」でいたこと、そして、サワンの「意外に重たい目方」が「私の思い屈した心を慰めてくれ」たのだということ、(それは「どうしてもこの鳥を丈夫にしてやろう」という思いにつながる、)しかし、雁の傷がすっかり治って、「この鳥の両方の翼を風切羽《かざきりばね》だけ短く切って、庭で放し飼いにすることに」(束縛しつつ、自由を与えるように)なると、再び「私」は「屈託した思想」に苦しめられており、サワンのためにではなく、「屈託した思想を追い払うために散歩に出掛け」ていることが、語られる。この「屈託」とは、何だろうか。

サワンを「あたかも飼い犬がその飼い主に仕える」かのように扱っても、私の「屈託した思想」は解決されていないところに注目したい。「意外に重たい目方」は、一瞬その「意外」さゆえに「私の思い屈した心を慰め」

たのであるが、それを「所有」（自己化）してしまうと、「屈託した思想」はよみがえってしまうのである。「私自身の考えにふけ」りがちな「私」にとって、「意外さ」が「慰め」になったにすぎなかった。そこから考えてみると、「私自身の考えにふけるのが習わし」になってしまっているような状態、つまりは自閉したありようにこそ、「屈託」「思い屈した心」の本質があったと考えられる。

さらに先述したように、こうしたことはサワンを失ったあと回想という形で語る中で表出されているのであり、サワンと過ごしているあいだはその自覚があったということにはならない、ということにも留意しておく必要があるだろう。例えば、「なるほど私はサワンの水浴を見守るために沼地へ出掛けたのではなく、私の屈託した思想を追い払うために散歩に出掛けたのです」という一文の「なるほど」に端的に示されるように、振り返って「語る」という行為によって、「私」は、少しずつ自らを見つめ直しているのである。

だが、この自己分析的な語りは、最初から一貫してはいない。例えば「私」は、「ところが彼は私の親切を極端に誤解して」、「治療が終わってしまうまで」雁が鳴き続けていたと語るが、「私」は一方で自らの行為が、「私の思い屈した心を慰め」るという動機のもとであることをも先に示しているのだから、この「親切」は文字どおりには受け取れない。その意味では「私」は、自己を見つめ直そうとしながらも、語りながら揺れ動き、揺れ動きながら語ってもいるように思われる。

「夏が過ぎ、秋になって、ある日」の「木枯らしの激しく吹き去った夜更け」、サワンは「屋根の頂上に立」ち、「月の左側から右側の方向に向か」い飛び去っていく三羽の雁と、「空の高い所と屋根の上とで、互いに声に力を込めて鳴き交わ」す。「察するところ」「私」には、サワンが「私をいっしょに連れていってくれ！」と叫んでいたように見える。そして、このように続く。

もしこのときのサワンの有様を眺める人があるならば、恐らく次のような場面を心に描くことができるでしょう。――遠い離れ島に漂流した老人の哲学者が、十年ぶりにようやく沖を通りすがった船を見付けたときの有様――を人々は屋根の上のサワンの姿に見ることができたでしょう。

一九九八年度版『高校生の国語Ⅰ』（明治書院）より

なぜ、「遠い離れ島に漂流した老人の哲学者」を「私」はサワンに重ねるのか。この「語り」はこの部分だけを見れば異様である。サワンには「（夜は）垣根を破ろうとしたり木戸を跳び越えようとしたりして、なかなか元気盛んでした」などの描写こそあれ、「老人」「哲学者」を彷彿《ほうふつ》させるような記述はそれまでないのだから。むしろ、「言葉に言い表せないほど屈託した気持ち」「私自身の考えにふけるのが習わし」などの描写に見られる「私」の様子こそ、「老人」はともあれ、「遠い離れ島に漂流した」「哲学者」を想起させる。ここから「私」が、「私をいっしょに連れていってくれ！」と「叫んでいた」ように見えるサワンに、「言葉に言い表せないほど屈託した気持ち」から旅立ちたいという自己の姿を、ダブらせているのではないか、という読みも生まれる。この小説の題名が、「屋根の上のサワン」となっていることは、このこととかかわっているように思われる。ただ、ここでも重要なのは、それもあくまでも、「私」自身によって分析されているのではなく、「回想の語り」を読者が読む中で、見えてくることにすぎないということである。

「語る私」においても分析されきれていないのだから、もちろん、当時の「私」には、そのような自覚はなかった。だから、「私」は、「そんな高い所へ登って、危険だよ」という一見サワンの身を案じるような言い方と、「こら、おまえどうしても降りてこないのか」という恫喝《どうかつ》の分裂をあらわにするのである。あとから我々が考えれば、「サワン」に自身の「屈託」からの旅立ちをだぶらせていた「私」が、サワンの旅立ちの壁となって立ちはだかるのは、矛盾ともいえるものなのだが、当時の「私」にはむしろ、「思い屈した心」を「慰め」てくれるサワンの存在が、貴重だったのだ。サワンに対して、共存しえないあい矛盾した望みをもつ「私」の問題を、この語りの中から、読者は読み取ることができる。

その後「サワンは、屋根に登って必ず甲高い声で鳴く習慣を覚え」る。「私」には、「サワンの鳴き声に答えるところの夜空を行く雁の声」が、「夜更けそれ自体が孤独のために打ち負かされてもらすため息」のようにも聞こえ、その「ため息」とサワンが「話をしてい」るようにも思われる。そこに「私」の感じ方の特徴が表れている。「サワン」と夜更けの「ため息」の交信は、つまるところ「私」自身の「屈託」からの旅立ちと、「孤独」をめぐる葛藤、すなわち自己内対話といえよう。

■「語り終えた私」の問題と『山椒魚』

「その夜」、サワンは「ほとんど号泣に近」いくらいに屋根の上で鳴き、「私」は、「例えばものすごい風雨の音を聞くまいとする幼児が眠るときのように、布団を額の所までかぶって眠ろうと努力」するが、屋根の上のサワンの「鳴いている姿は、私の心の中から消え去りはしな」い。この時の「私」は既に、「出発の自由を与えてやらなくてはなるまい」と「考えたり」もしてはいるのだが、ことの本質は、先述したように、「屋根の上のサワン」の姿は、「私」にその自覚がないにせよ、一面では自己の投影であるがゆえに、「心の中から消え去」るはずはないのである。そして、「私」は「羽の早く生じる薬品を塗ってや」ることを「決心」するのだが、それは「彼の脚にブリキ切れの輪をはめてや」るなど、サワンの旅立ちも「私」がお膳立てすることにより許されるという、

「支配」と一体の「許し」なのである。ゆえに「翌日」サワンが勝手にいなくなると、「狼狽《ろうばい》」するのだ。しかし「一本の胸毛」を残してサワンは消える。

最後まで、「私」はサワンに対して、「どうか頼む」という懇願と「出てこい！」という恫喝の分裂をあらわにする。サワンは、「飼い犬」化を拒んでいなくなり、そして、「初夏」には「私の背丈とほとんど同じ高さ」であった「岸に生えている背の高い草」も、「穂状《すいじょう》花序《かじょ》の実」をつけ、「綿毛の種子」もまた旅立つかのようだ。サワンに「思い屈した心」の「慰め」を求めていた「私」一人を残して。プロットの鮮やかさは、きわめて印象的である。

こうして「私」は、「私とサワンの物語」を語り終えるのだが、その最後は「恐らく彼は、彼の僚友たちの翼に抱えられて、彼の季節向きの旅行に出ていったのでありましょう」と結ばれている。ここをとらえて、「サワンの大空への『飛翔』によって、その『くったくした思想』に一種のカタルシスが与えられている」（東郷克美[注31]）という指摘もされてきたが、どうだろうか。確かに、「私」がサワンに「自己」を投影していたことを考えると、この回想の次にくるべきはずのものは、「私」自身の「屈託」からの旅立ちのようには思われる。しかし、「私」が最後までサワンを、一方の自己の願望を投影させて語ってしまっていること、つまりは〈わたしのなかの他者〉の世界として語ってしまっているということ、しかも「彼の僚友たちの翼に抱えられて」という想像をダブらせていることを考えると、「カタルシス」よりはむしろ困難さが感じられてしまうのだ。サワンがどこへ行ったか、どうなったかは実は「私」にとって「了解不能」、その了解不能性と向き合ってこそ、「屈託」からの旅立ちは可能なように思われるのだが、「私」は、自らの想像の世界の内に「サワン」を閉じ込めてしまう。「屈託」をいかに超えていくかという「私」の自己分析は、ついに徹底されないまま終わっている。つまり、「語る私」が、最後まで自らの物語を超えることができていないのである。同じ作者による『山椒魚』、それも有名な山椒魚と蛙の「和解」の場面を削除した改稿後の作品（「『自選全集』版」）と比較した場合、その違いは明らかになる。山椒魚と蛙は、「お互いに黙り込んで、そしてお互いに自分の嘆息が相手に聞こえないように注意していたのである」というところで、作品は終わる。改稿前の作品では、両者はお互いに同じ言葉を独白的に繰り返しながら「和解」に至るが、それは田中実が指摘したように、（注32）両者がその「飢餓的状況による認識の衰退」の中、加害者と被害者の立場の違いを棚の上に置いて、相手を自己と同一化、つまりは〈わたしのなかの他者〉としているにすぎない。〈語り手〉はそれに対する批評の言葉をもたず、そのままなら『屋根の上のサワン』がもつ問題と同じである。しかし改稿後の作品では、「嘆息が相手に聞こえないように注意」しつつ、山椒魚は、蛙を巻き込んでしまっている〈自己〉に向き合っている。その時初めて「自閉」の問題は問われ、「岩屋」の外の世界は、単に「不自由千万なやつら」や、「自分のすみかの水」を「汚」してしまうものとは異なる、「いのち」として見えてくるはずだ。「サワン」を自己化したまま回想を閉じる『屋根の上のサワン』とは、一見似た主題を扱いつつ、対照的である。『屋根の上のサワン』のプロットのみごとさにひかれながらも、一抹のものたりなさを感じてしまう所以《ゆえん》である。だが、二つの作品をあわせ読めば、〈自己〉と〈他者〉の問題はより顕在化し、〈教材の力〉を発揮するかもしれない。

（注）

31　注30に同じ。

32　注12に同じ。

第3章・章末注

注2

ただし、ここで注意しておかなければならないのは、「度量衡」が事後的に変わっていったとしても、それで「終わり」にはならないということである。「度量衡」は永遠に更新され続けるものとしてとらえられなければならない。別の言葉で言えば、教材や授業の価値は、一瞬自らのものになったように感じられるのだが、それを超えて引き出しうる〈価値〉は常に彼方に（仮想として）あるのであり、学習者はそこから常に遅れる。（「遅れている」と感じられなければならない。）一瞬の「理解」の「実感」とそれに続く「遅れ」の意識こそ、常に学び続けようという動機の源泉である。「度量衡」（ものさし）を問うということは、現在の自らの「度量衡」（ものさし）では計れないものがあるという「感覚」を、「わがもの」にするということとも言える。そのような「感覚」をもちえた時に、わたしたちも含めた学び手は、「自らのものとは決定的に異質な度量衡（ものさし）」への志向性をかろうじて有することができる。なお、この「度量衡」という言葉については、内田樹の『レヴィナスと愛の現象学』（せりか書房　二〇〇一・一二）や『他者と死者―ラカンによるレヴィナス』（海鳥社　二〇〇四・一〇）から学ぶところが多かった。

また、冒頭問題にした、生徒から出される「カンケイない」という言葉について考察した先行論文として、高野光男「『関心』の問題化―『そんなの、関係ないよ。』という声を読み直す―」（「日本文学　一九九八・八」日本文学協会）がある。そこでは芹沢俊介の「イノセンスの壊れる時」（一九九五年度版『高等学校現代文』角川書店）の提起する問題が検討されている。高野は、「自分には責任がない」「（世界を）引き受けられない」という権利（イノセンス）を放棄し、「引き受ける」というメッセージに「書き換える」ことこそが成熟であるという芹沢の論を受け止めつつも、「イノセンスの表出」に対する「肯定的受けとめ」が「イノセンスの解体」の条件になるという芹沢の意見に対しては疑問を呈し、より重要なのは「二重化した自己の葛藤劇」ではないかと論じている。また、「〈私〉と〈世界〉との対話を通じて〈私〉を鍛える場」としての「文学教育」の役割の重要性を提起しており、考えさせられる。この「〈私〉を鍛える」ことと、「イノセンスの解体」を可能にするような、「〈読み〉の授業」のありかた、〈世界〉と言葉の関係を考察していきたい。

「学びからの逃走」問題を考える際、内田の指摘と芹沢の提起の双方をふまえることが大事なのではないかとわたしには思われる。「カンケイない」ことが「切実なこと」に転化するときには、「イノセンス」の解体を確かに伴うであろう。それは〈読み〉の授業で言えば、自分の認識の枠組みが解体され、世界が新たに見えてくるような経験ということに重なり合うように思われる。そして「イノセンス」の解体を経験した子どもたちは、ある意味でその経験を支えにして、その時々の自らの「度量衡」では計れないものがあるという実感をもとに、「わからない」こととも向き合っていくのではないか。そして「わからないこと」が「わかる」ようになる〈教材や授業の〈価値〉が自分のものになったように感じられる）喜びを感じるとともに、「わかったように感じたこと」の中からまた新たに「わからないこと」が生まれ、それに向かおうとする動的過程を歩むのではないだろうか。

注20　本稿の初出「井伏鱒二『山椒魚』の〈語り〉を読む」（『月刊国語教育　二〇〇五・一一〜二〇〇六・四』）の時点からおよそ三年がたったが、『山椒魚』を採用している教科書がすべて「『全集』版」を用いていることに変化はない。また、東京書籍の二〇〇四年度版「新編現代文」は、改訂を経て現在は二〇〇八年度版「新編現代文」となっているが、『山椒魚』は引き続き採られている。「学習の手引き」も、字句は微妙に異なるもののほぼ同様の内容である。

注21　この言葉は、鎌田均「感動の在処―『真実の百面相』を越えて」（田中実・須貝千里編『〈新しい作品論〉へ、〈新しい教材論〉へ　評論編４』（右文書院　二〇〇三・二）から学んだ。

注22　三浦雅士『私という現象』（講談社学術文庫　一九九六・一〇）所収。なお、「谷川俊太郎と沈黙の神話」は、高校三年生の『言葉を考える』という単元の中で教材として扱った。三浦は「自分が自分自身にほかならないということ、し

かもそのような自分自身を外的ないっさいの価値規範に頼ることなく自分自身において肯定しつづけること」の上に「近代」の芸術家や詩人の「強烈な自我」が形成され、「私たちの時代はその延長上にあって、しかもこの強烈な自我を癌のように病んでいる」と指摘する。さらに「なぜ病んでいるのか」の理由として「もともとそのような自我など幻想にすぎないからだ。私とは単なる代名詞に過ぎない。それは関係に過ぎない」からだと論じる。ここには言語論的転回をふまえたうえでの「近代的自我」の否定がある。なお、この『山椒魚』の授業の中でわたしは生徒に対し、三浦の文章について、「近代において『自我』がない人間はいないと書いてあったね」とつい発言してしまっているが、これは妥当な言い方ではない。「『自我』という意識にとらわれない人はいないと書いてあったね」というように発言すべきところであった。

わたしの考えでは、三浦の指摘、つまり実体論から関係論へのパラダイムチェンジをふまえたうえで、現代を生きる生徒たちはさらに、〈私〉〈主体〉の再構築を深層で求めていると思われる。『山椒魚』の教材価値は、その点にあると考えている。

注25

注20で触れたように、東京書籍「新編現代文」は二〇〇八年度版として改訂されたが、『山椒魚』の「学習の手引き」は、ほぼ同様の内容である。ただし、改訂版の「指導書」では、近代知識人の自意識や知性の肥大の問題が論じられ、「和解」の問題はさほど重視されておらず、旧版「指導資料」とは違いもみられる。しかしながら、この改訂版の指導書（二〇〇八年度版『新編現代文指導書』東京書籍）においても、山椒魚と蛙について、「同じ宿命を背負ったもの同士の、言葉による関係だけで存在を確認する人生が主題である」とせざるをえないところに、やはり問題が感じられた。山椒魚と蛙は加害者・被害者の関係という側面を無視できず、それを「同じ宿命」という言葉のみでくることはできないだろう。『全集』版」を教材本文にする際の難問である。全体的な状況としては、「和解」を読み取らせようという、実践現場における『山椒魚』の扱われ方は、今も続いていると思われる。

注28

自由の森学園では、点数序列を廃し、中間・期末テストを行わない。評価の中心をなすのは、自分にとっての「学び」の意味を学期末に振り返ってつづっていく「自己評価表」である。

〔初出一覧〕

〔初出一覧〕各章の初出は以下のとおりである。いずれも本書に収めるにあたって、初出時には紙数の都合等で収録できなかった部分（作品についての研究史の整理、授業中の生徒と教師及び生徒どうしのやりとり、生徒の文章など）を入れることや、各論の重複を可能なかぎり避けることを含めて、大幅な加筆訂正を施した。ただし各論を独立した論文としても読んでいただくのに不都合のないよう、あえて重複を残した箇所もある。

Ⅰ

第1章
書き下ろし

第2章
書き下ろし

Ⅱ

第1章
「『〈語り〉を読む』ことと、『自己を問う』こと―芥川龍之介『蜘蛛の糸』の教材価値を再検討する―」
（田中実・須貝千里編『「これからの文学教育」のゆくえ』右文書院　二〇〇五・七）

第2章

「状況に切り込む文学教育―森鷗外『高瀬舟』をめぐって」

（「日本文学　二〇〇三・八」日本文学協会）

第3章

「『嘲笑』をめぐって―井伏鱒二『山椒魚』を読む―」

（「日本文学　二〇〇五・七」日本文学協会）

「井伏鱒二『山椒魚』の〈語り〉を読む1　『学びからの逃走』問題の根底―『自由の森学園と私』の場合」

「井伏鱒二『山椒魚』の〈語り〉を読む2　教材としての『山椒魚』―これまでの『読まれ方』を再検討する」

「井伏鱒二『山椒魚』の〈語り〉を読む3　授業の実際―『導入部』を読む」

「井伏鱒二『山椒魚』の〈語り〉を読む4　『嘲笑』と『岩屋』をめぐって」

「井伏鱒二『山椒魚』の〈語り〉を読む5　『結末部』を読む―『自選全集』版の教材価値を探る」

「井伏鱒二『山椒魚』の〈語り〉を読む6　〈語り〉を読むことと、「自己を問う」こと―生徒の文章から見えてくるもの」

（「月刊国語教育　二〇〇五・一一」～「同　二〇〇六・四」東京法令出版）

「『語り終えた私』にまつわる問題―井伏鱒二『屋根の上のサワン』を読む」

（「月刊国語教育　二〇〇四・八」東京法令出版）

いささか私的なものにはなるが、本書を貫く問題意識がどのように生まれ、育ってきたかについて、書かせていただきたい。

冒頭でも少し触れたことだが、今からおよそ十六年ほど前のことになろうか、わたしは日本文学専攻の一人の大学生として、卒業論文に四苦八苦しながら取り組んでいた。取り上げた作家は有島武郎だったが、恐れを知らない若さゆえと言おうか、そのテーマは壮大かつ傲慢、「有島武郎における『誠実』の諸問題―『或る女』の「美しい誠実」に向かって―」というものであった。

当時、わたしには頭にこびりついて離れない悩みがあった。「悩み」と言っても未熟なものではあったと今は思うし、ある意味では誰もが考えることなのだろうが、それは「誠実」という言葉の内実の問題であった。誠実とはまずもって「自己への誠実」でなければならず、わたしはわたしなりに、それを貫いて生きたいと望んでいた（つもりであった）。しかし、誠実にはもう一つの側面、「他者（社会）への誠実」がある。「自己への誠実」と「他者（社会）への誠実」は両立しうるのか……、それは両立しうると考え得た「白樺派」の作家たちのなかで（こういうまとめ方にはあるいは異論があるだろう。しかし若いわたしはそのように考えていた）、有島武郎は引き裂かれている異質な作家に思えた。そうした有島武郎について考え、超えることによって、「自己への誠実」と「他者（社会）への誠実」を統一的に捉《とら》えていきたいというところに、わたしの願いがあった。今から思えば、そもそも有島武郎を選んだところに、「自己への誠実」と「他者（社会）への誠実」の裂け目を否定できぬ自分を、心のどこかで感じていたと思うのだが、それを明確に意識できていなかった。

けれども、それは今だから言えることだ。当時のわたしは、どうしてもそれを統一させねばならなかった。だから勢い卒業論文は、演繹的な書き方になった。わたしは、『有島武郎全集』を手に入れ、『宣言』『或る女』などに出てくる「誠実」という言葉をはじめとして、「日記」や「書簡」などに表れる「誠実」という言葉の使われ方そのものについて考察するという方法をとった。だが、なによりもわたしにははじめからその二つの「誠実」を統一させたいという願望があり、諸作品はその願望のバイアスによって読まれていったことは否定しがたい。だから、そんな折、指導を受けた山口幸祐先生に紹介していただいた野島秀勝の『誠実の逆説』も、わたしにとってはこれまた傲慢にも、乗り越えなければならない書物となった。（先生は、そんなわたしに作品論や作家論の基礎を丁寧に教えてくださった。今も深く感謝している。）『誠実の逆説』のなかの一章、「『誠実』の宿命」では、「武郎は死ぬべくして死んだ。彼の死を進めたものは二元的自我のありかたであり、その二元を一元に帰そうとする激しい焦燥であった。それは一言でいえば典型的な近代自我そのものであり、その誠実の純粋形式であった。」とされ、さらに、「武郎の死の場所から猶かつ生き通すとすれば、パスカル的賭けによって何らかの権威にそっくり身を委ね自己滅却によって生の充実をはかるか、あるいは二元の間に強靱に生きるか、あるいは一切を相対化したニヒリズムの只中に成熟するか、いずれかの道があるだろう。どれを選ぶか、それはひとめいめいが自らに問いかけるべき事柄だが、有島武郎の文学と彼の生と死が今日ぼくらに語りかけてくるものは、まさにかかる自らへの問いかけであり、覚悟の要請である。そこから別種の自我、別種の誠実完成の旅路が始まるであろう。」と結ばれていた。しかしわたしには、「いずれかの道」のどれも選べそうになかった。そして、この「誠実」問題、とくに野島秀勝の言葉は、身体の奥深く沈殿し、その後しばらく、表面的には浮かび上がることはなかった。ただ、心の奥深くしみ込んだ「誠実」問題は、その後、一人の人間として、また教師として生きるうえで、さまざまな振幅をわたしにもたらした。そして教育・国語教育にかかわるなかで、かたちを変えて再び前景化してきていることを感じている。

「誠実」などという言葉を発すると、現代ではあるいは笑われるのかもしれない。けれども、わたしにとっては、「誠実」という言葉は、人の生き方や教育を考えるうえで、今も大きな位置を占める言葉である。ただ、「誠実」問題の問い方は大きく変わった。かつてのわたしの問い方には、〈出口〉がなかった。

今なら、こう言える。わたしは「自己」と「他者」を実体化し、その癒着のもとで、「誠実」問題を考えていたのである。「自己への誠実」という概念は、まずもって「自己」を実体として考えられてしまっているわけで、そのような「自己」はア・プリオリには存在しない。実体として「自己」を捉え、その「自己」に対して「誠実」かどうかと考えても、虚偽を避けることはできないのである。一方本書で何度も触れてきたように、「他者（社会）への誠実」をどれだけ考えようとしても、その「他者」は、実は〈わたしのなかの他者〉に過ぎない。概念装置としての「了解不能の《他者》」を想定し、〈わたしのなかの他者〉との相克を経たところに、〈自己〉（主体）は作り出されていくのであり、そのようにして捉えて初めて、「誠実」問題を、〈自己〉と〈他者〉の癒着を超えた次元で考えることができる。「誠実」という言葉が近代的自我を前提にして捉えられているとすれば、わたしの道のりは「誠実」を問題意識の出発点としながらも、「誠実」という言葉だけでは問題にしきれないような、あるいは「誠実」という「枠組み」そのものを問うていくような道、新たな〈誠実〉の概念を探究していく道になっていくだろう。それは、言語論的転回をどのようにふまえ、〈倫理〉の問題をいかに引き受けていくかということと重なっている。〈倫理〉はいかに行動するかということ以前に、認識そのものの問題だからである。

同時に、そのことはわたしだけの問題ではない。わたしと同じ時代を生きる、児童・生徒の問題でもある。彼・彼女たちが苦しみ悩む姿と、わたし自身の生の問題は、奥底で重なり合うものであると、わたしには感じられてならない。前述したわたし個人の歴史が、教育・国語教育の問題と繋がるというのは、そういうことだ。

「自分らしさ」あるいは「個性」という言葉は、一時期ほどに無条件に称揚されてはいないものの、それでも児童・生徒には大きな影響力を持っている。しかし中西新太郎がかつて指摘したように、「自分らしく個性的であれ」というメッセージ（「自分探し」のイデオロギー）がたえず発信される一方で、その「自分らしさ」「個性」は、情報消費型社会のなかで用意された場や消費モジュールに回収される仕組みになっている。（中西新太郎「いま、『成長』とはなにか」（『リニューアル ひと 一九九九・一二』太郎次郎社）つまり、自ら模索し創造すべきものであるはずの〈価値〉が、所与の「パターン」として実体化されてしまっていて、「自分らしさ」「個性」は、共同体に許容される範囲内での「選択」にすり替えられてしまうのである。そして、その「選択」を「その子らしさ」として周囲から括《くく》られ、「評価」されてしまうことへの違和感は、本人のなかで出口を失い閉じこめられる。逆に「本当の意味」で、「自分らしく個性的であ」ろうとすれば、先述したような限定された「選択」に「個性」を委ねていくことへの欺瞞《ぎまん》に気づかざるを得ず、ここに「自己への誠実」問題が重なってくる。そしてその欺瞞から逃れようとする衝動は時として収拾のつかない欲望の発露となって現れる。それは、「自由のはき違え」とか、「自己チュー」という言葉で非難はされるものの、そうかと言って、「個性的」であるということと、「自己チュー」がどのように異なるのか、明確に峻別することはできない。（児童・生徒が意見を言うときによく用いる「わたし的には……」「個人の意見なのだけれど……」という前置きには、「自己チュー」だと思われることへの過度の怖れが感じられる。）その「違い」もそれぞれの人の判断、もしくはその人が所属する狭い共同体の価値観次第ということになれば、欲望と欲望との衝突を含めたさまざまな矛盾が生まれてくる。だがそれに対し、教師あるいは社会全体も有効な処方箋を示すことができず、そのことに対する無力感が広がっていくことになる。そういうとき、「公」は「国家・社会」とほとんど同様に実体化された形で問題にされ、「公の復権」が待望されてしまうことになる。同時に、そうしたある種の復古主義的な動向に対して、「個性と多様性の尊重」が再び持ち出される。あるいは、「差異を条件とする言説の空間であること」等、「空間」としての「公共性」「市民的公共性」の重要性が強調される。本書でも触れてきたように、戦後民主主義が築いてきた到達点をわたしはきわめて大切なものと思っているが、その循環では〈公共的な価値〉の問題を問うていくことはできないと考えるのである。〈公共性〉という言葉そのものの内実が問題になるのである。別の言い方をすれば、〈公共性〉を問うことは、突きつめれば〈わたし〉を問うことであり、その「問い方」のなかに、先述した〈自己〉と〈他者〉の癒着を超えた次元での〈誠実〉のゆくえ、〈倫理〉の問題がある。文学の〈読み〉の授業こそそのことが集中的に問われる場である。それは、〈語り〉を、ひらかれるものとして読むことを要請してくる。「ひらく」とは、ずらし続け、差異を楽しむことではない。「第三項」という概念装置を介在させて、読者が作品に撃《う》たれることの謂《いい》である。「教室でひらかれる〈語り〉―文学教育の根拠を求めて」という題名はその願いのもとに生まれた。これからの民主主義の創造は、その探究とともにある。

わたしは、どちらかといえば引っ込み思案なところもある人間である。そんなわたしが、さまざまな場所で実践や考察の報告をするようになり、本当にありがたいことに、聞いてくださったかたから共感の言葉をいただくことも出てきた。そういう言葉が嬉《うれ》しくないと言えば嘘《うそ》になる。なぜなら、これらの実践報告や考察は、自由の森学園の同僚教師や、日本文学協会国語教育部会のかたがたとの共同の所産であり、さらになによりも生徒と一緒につくった授業であるからである。しかし、わたし自身のこととして言えば、その一方で、どこかきまりの悪いような気持ちになることもしばしばである。わたしはいまも一回一回の授業のなかで、いつも力の限界を感じているから。授業において自分の言葉が、宙に浮いてしまっているような感覚を覚えることも少なくない。

なによりも、一つ一つの文学作品が可能性として有している〈価値〉を、どれだけの生徒に十分に感じ取ってもらうことができているのか、という思いがわたしを苦しめる。それが十分にできていないとすれば、それはわたしが文学作品も生徒も大切にできていないということであるからだ。ただ、わたしだけが努力すれば、それは可能だと考えるのもひとりよがりであることも、十分に承知しているつもりだ。しかし何度も触れたように、これは国語教育の問題であると同時に、これからの民主主義を創造するための課題でもある。歩みを進めたい。

わたしは本書で、「それぞれの学校は現代社会の縮図であり、そこに〈文学の力〉は教材価値を発揮する」と述べた。言い換えれば、それはどの学校においても、〈文学の力〉は「読み方」如何《いかん》によって、生徒や教師の生に響いていくということだ。その考えは今後も変わらないだろう。しかしもう一方で、Ⅱで紹介した『蜘蛛の糸』『高瀬舟』『山椒魚』の実践報告について言えば、もしこの実践を読んで心動かしていただけるかたがいるなら、これは、自由の森学園という「場」全体の所産であり、自由の森の生徒たちがいてくれたからのものだということも、書き添えておきたい。決して教師に向いているとは言えないわたしが、なんとか授業をしてこられたのは、すばらしい生徒たちがいたからこそと思っている。今もこの文章を書きながら、わたしを力づけてくれた生徒一人一人の顔や言葉が、思い出されてくる。

また、自由の森学園の同僚にも、心から感謝申しあげる。それぞれが情熱をもち、そして本音で話し合い、学び合える教師集団があったからこそ、わたしはこの仕事をこれまで続けてこられたのだと思う。一人の市民として生きることと、教師であることを統一させようとしているのが、自由の森の教師だと思う。とりわけ、本書の実践は、日本語（国語）科の同僚の励ましとご協力あってこそのものと考えている。実践上の願いや悩みを共有でき、支え合える教科会を、わたしは大変貴重なものと感じている。多忙極まる状況のなか、原稿の一部についても読んでいただき、ご意見いただだいた。ほんとうにありがたいことだと思っている。

日本文学協会国語教育部会との出会いは、国語教師としてのわたしのあり方を根本的に変えた。なかでも、田中実先生と須貝千里先生からはきわめて大切なことを学ばせていただだいた。特に、〈読み〉の原理の徹底的な追究と文学研究に懸ける精神、物事を論じる際の構えについては田中先生に、国語教育全般を状況との緊張関係で論じるための問題意識とその情熱については須貝先生に、多くを学んだ。この本を出すにあたってもお二人からはあたたかく、また時に厳しい助言をいただだいた。また、一人一人お名前を記すことはできないが、日本文学協会国語教育部会で研究・実践を続けられている先達にも、心から感謝申し上げたい。どちらかと言えば遅れて入会してきたわたしを、いつも大切にしていただいた。拙い発表に対しても、鋭い問いや励ましをいただき、そのなかでわたしは育った。実践・研究に共同で取り組んでいくためには、そのための「場」そのものをつくり、問い直し、さらに発展させていかなければならない。気の遠くなるような地道な営みがあることに、わたしは少しずつ気づいてきた。

そのようななかで、本書は生まれたものである。わたしの未熟さのため、まだ論じきれていないところもあるが、ここを折り返し地点とし、さらなる深みに向かっていきたい。

本づくりにあたっては、教育出版の小杉岳彦氏、玉井久美子氏に御世話になった。原稿に何度も目を通していただいたうえに、構成についてもご助言いただいた。一緒につくってくださっていることを実感した。

最後に公・私にわたり、これまで生きてくるなかで、さまざまな形でわたしを支えて下さった全ての方に、その一人一人に、心からの感謝を捧げたい。

著者紹介

齋藤 知也（さいとう　ともや）

1964年生まれ。

金沢大学法学科，富山大学語学文学科（国語国文学）卒業。

私立中・高等学校，公立中学校勤務を経て，1996年4月より，自由の森学園中・高等学校教諭，今日に至る。また現在，立教大学兼任講師を兼務している。

共著として『「これからの文学教育」のゆくえ』（右文書院），『授業づくりで変える高校の教室2　国語』（明石書店）がある。また，最近の論文として，「教室でひらかれる〈語り〉―安部公房『公然の秘密』を読む」（「日本文学　2009.3」）などがある。

日本文学協会，全国大学国語教育学会，日本国語教育学会，日本近代文学会に所属。

教室でひらかれる〈語り〉―文学教育の根拠を求めて

2009年8月8日　初版第1刷発行

著　者　齋藤知也
発行者　小林一光
発行所　教育出版株式会社
101-0051　東京都千代田区神田神保町 2-10
TEL 03-3238-6965／FAX 03-3238-6999
URL http://www.kyoiku-shuppan.co.jp

装丁・DTP　ユニット
印刷　モリモト印刷
製本　上島製本

ISBN978-4-316-80235-0　C3037